논 · 술 · 세 · 계 · 대 · 표 · 문 · 학

26

셰익스피어 4대 비극

윌리엄 셰익스피어 | 황종표 엮음

햄릿 · 리어 왕 · 오셀로 · 맥베스

H훈민출판사

셰익스피어의 초상화

영국 버킹엄 궁전 앞의 근위병
교대식 장면

The Best World Literature

셰익스피어의 생가

〈햄릿〉의 배경이 되는 엘시노어 성

영국 런던의 하이드파크

〈리어 왕〉의 배경이 된 하얀 낭떠러지

〈맥베스〉의 배경이 된 코다 성

〈오셀로〉의 배경이 된 키프로스의 성

셰익스피어의 묘소가 있는 교회

런던탑의 전경

The Best World Literature

세 명의 마녀와 마주치는 맥베스

⟨오셀로⟩의 한 장면을 그림으로 나타낸 것

⟨맥베스⟩의 오페라 공연

구인환(丘仁煥)

서울대학교 사범대학 졸업. 동 대학원 졸업(문학박사)
서울대학교 명예교수, 소설가(현). 서울대학교 사범대학 국어교육연구소 소장(현)
문학과문학교육연구소 소장(현). 국제펜 한국본부 부회장(현)
한국소설문학상(1987). 예술문화대상(1994). 한국문학상(2000)
작품 〈숨쉬는 영정〉, 〈살아 있는 날들〉, 〈일어서는 산〉 외 다수

• **저서** 《한국단편소설의 이해》, 《한국현대소설의 비평적 성찰》,
　　　《고교생이 알아야 할 소설》, 《고교생이 알아야 할 세계단편소설》 외 다수

윤병로(尹柄魯)

성균관대학교 국어국문학과 졸업. 동 대학원 졸업(문학박사)
성균관대학교 교수, 문학평론가(현). 한국현대소설학회장(현)
한국문예학술저작권협회 이사(현). 한국간행물윤리위원회 위원(현)
한국펜 문학상(1987). 한국문학상(1988). 대한민국문학상(1989)
수필집 《나의 작은 애인들》 외 다수

• **저서** 《현대 작가론》, 《한국 현대 소설의 탐구》,
　　　《한국 근대 작가 작품 연구》, 《한국 현대 작가의 문제작 평설》 외 다수

홍성암(洪性岩)

고려대학교 국어국문학과 졸업. 한양대학교 대학원 국어국문학과 졸업(문학박사)
동덕여자대학교 교수, 소설가(현). 한국문인협회 회원(현)
한국소설가협회 이사(현). 국제펜 한국본부 소설분과 이사(현). 한민족 문화학회 회장(현)
창작집 《큰 물로 가는 큰 고기》, 《어떤 귀향》 외
대하역사소설 《남한산성》 (전9권) 외 다수

• **저서** 《문학의 이해》, 《현대 작가론》, 《한국 근대 역사소설 연구》 외 다수

기획 · 감수

1600년경의 런던의 모습과 그로브 극장

논술 *세계대표문학*을 펴내며

　21세기의 사회는 '**전자 문명 시대**'라 일컬어질 만큼 오늘날 전자 산업은 우리 생활의 거의 모든 분야에 다양하게 응용되고 있습니다. 출판 분야 또한 예외는 아니어서, 종래의 서책(Book) 대신에 이른바 '전자책(CD-ROM)'의 출간이 최근 들어 날로 증가하고 있습니다.

　그러나 이러한 전자책은 영상 또는 모니터상으로 흥미 위주나 백과사전식 지식을 습득하는 데는 효과적일지 모르지만, 문학 공부를 위해서는 별로 도움이 되지 않습니다. 바꾸어 말하면, 문학 공부는 각 지면마다 살아 숨쉬는 표현 하나하나를 독자 자신의 머리로 음미하면서 작품을 읽어 나가는 가운데, 풍부한 상상력의 배양과 함께 작가의 의도와 그 작품의 내면을 깊이 있게 이해함으로써 이루어지는 것입니다.

　이에 훈민출판사에서는, 자라나는 학생들이 범람하는 영상 매체에 길들여지기 전에, 어려서부터 유명한 세계문학 작품들을 책자를 통하여 감명 깊게 읽고 감상함으로써, 올바른 문학 공부의 기틀을 다지고, 아울러 전인 교육도 할 수 있도록 《논술 세계대표문학(전60권)》을 펴내게 되었습니다.

　작품 선정은, 초·중·고등학교 국어 교과서와 역사 교과서에 실리거나 소개된 문학 작품을 중심으로 하되, 그리스 신화와 성경 이야기 등의 고전에서부터 중세·근대·현대에 이르기까지 세르반테스·셰익스피어·톨스토이 등 세계 유명 작가들의 장·단편 소설들을 엄선·수록하였습니다. 또 세계의 명시도 별권으로 엮었으며, 특히 각 단락마다 '**논술 문제**'를 제시하여, 장차 대학입시를 비롯한 각종 '논술 고사'에 예비 지식을 쌓을 수 있도록 배려하였습니다. 아무쪼록, 이 《논술 세계대표문학(전60권)》이 자라나는 학생들에게 문학 공부의 주춧돌이 되고, 나아가 미래를 살아가는 데 **정신적 자양분**이 되기를 진심으로 바라 마지않습니다.

훈민출판사

차례

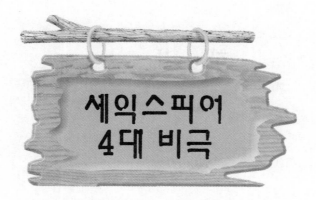

셰익스피어 4대 비극

햄릿 / 리어 왕 / 오셀로 / 맥베스

셰익스피어

지은이

1564~1616년. 영국의 스트랫퍼드어폰에이번에서 출생. 어린 시절은 비교적 부유하게 보낸 덕분으로 잠깐 동안 학교를 다녔는데, 그 때 독서를 많이 하게 되었다. 하지만 13세쯤 되었을 때부터 집안 형편이 기울기 시작하여 대학에는 진학할 수가 없었다.

1592년부터 배우 겸 극작가로 활동하기 시작하였으며, 수많은 희곡과 시를 집필하였다. 주요 작품으로는 〈로미오와 줄리엣〉, 〈말괄량이 길들이기〉, 〈베니스의 상인〉, 〈햄릿〉, 〈오셀로〉, 〈맥베스〉 등 희곡 37편과 장편 서사시 2편, 그리고 소네트를 154편 남겼다. 부유한 말년을 보냈던 셰익스피어는 4월 23일에 세상을 떠났다.

햄 릿

제1막

제1장 엘시노어 성

별이 반짝이는 추운 밤. 창을 든 보초병 프란시스코가 성벽 위를 왔다갔다한다. 그 때 자정을 알리는 종이 울린다. 다른 보초 바나도가 무장을 하고 성에서 나오다 발걸음 소리에 갑자기 멈춘다.

프란시스코 - 아, 바나도 님! 시간을 맞춰서 오시는군요.

바나도 - 지금 막 열두 시를 쳤다. 너는 어서 가서 자거라. 아무 이상이 없었나?

프란시스코 - 쥐새끼 한 마리, 얼씬하지 않았습니다.

바나도 - 그럼 어서 가서 자거라. 이번에 나는 호레이쇼와 마셀러스랑 망을 본다.

호레이쇼와 마셀러스 등장.

마셀러스 - 누가 교대를 서나?

프란시스코 - 바나도 장교님입니다. 그럼 수고하십시오. (퇴장)

바나도 - 잘들 왔네.

호레이쇼 - 그래, 오늘 밤도 그 유령이 나오던가?

바나도 - 아직은 안 나타났어.

마셀러스 – 호레이쇼는 유령을 우리가 잘못 본 거라고 하면서 도대체 믿지를 않는다네. 그래서 오늘 밤 같이 망을 보자고 했지.

호레이쇼 – 쳇! 나오긴 뭐가 나와.

바나도 – 아무튼 좀 앉게나. 자네는 우리 말을 무조건 믿지 않는군. 그래도 우리 말을 들어 보게. 어젯밤, 북두칠성이 서쪽, 저기 저 별이 지금도 빛나고 있는 저곳에 떠서 하늘을 훤히 비출 때쯤…….

그 때 유령이 나타난다. 완전 무장을 하고 손에 칼을 들고 있다.

마셀러스 – 저것 봐! 또 나타났어. 좀 조용히 해 봐!

바나도 – 선왕과 똑같은 모습이야.

호레이쇼 – 선왕과 똑같군. 정말 똑같아. 아이구 무서워. 이게 무슨 일인가!

마셀러스 – 말 좀 걸어 보게, 호레이쇼.

호레이쇼 – 넌 누구냐? 넌 누구이기에 선왕의 모습을 하고 나타났느냐? 명령이다. 어서 너의 정체를 밝혀라.

마셀러스 – 화가 났나 봐. 그냥 가 버리네.

호레이쇼 – 거기 서라. 말을 해라. 말을! 이건 명령이다. (유령이 사라진다.)

바나도 – 호레이쇼, 이래도 우리 말을 못 믿겠나?

호레이쇼 – 내 눈으로도 보았는데 어떻게 안 믿겠는가.

마셀러스 – 선왕과 똑같지?

호레이쇼 – 아주 똑같아. 선왕께서 야심 많은 노르웨이의 왕과 싸울 때, 저렇게 무장을 하셨지. 도무지 이해할 수가 없어. 내 생각엔 아마 이 나라에 무슨 일이 일어날 징조 같아.

마셀러스 – 자, 앉아서 이야기하자구. 그래 무슨 이유로 우리가 이렇게 삼엄한 경비를 본다고 생각하는가? 무엇 때문에 밤마다 백성들을

괴롭히며, 무엇 때문에 날마다 대포를 만든다, 외국에서 무기를 사들인다 해서 백성들을 혹사시키느냐 말야. 알면 이야기 좀 해 주게.

호레이쇼 - 들리는 소문은 이렇다네. 선왕은 도전을 받았었지. 상대는 지독한 야욕에 불타는 노르웨이의 포틴브라스 왕이었어. 온 세상이 다 아는 용감한 햄릿 왕은 적의 목을 베셨지. 그리고 그놈의 영토까지 몰수했지. 그런데 포틴브라스의 아들놈이 젊은 혈기로 노르웨이 변방 이곳 저곳에서 깡패들을 모아 일을 벌이려고 하는 거야. 자기 아버지가 잃은 영토를 되찾으려는 거지. 그래서 이렇게 우리가 보초를 서고 백성들은 힘든 일을 하는 거라네.

바나도 - 그럴 거야. 다른 이유는 없을 거야.

호레이쇼 - 옛날 번영을 자랑하던 로마에서도 영웅 시저가 쓰러지기 직전에 무덤이 비고 수의를 입은 시체들이 괴상한 소리를 지르며 로마 시내를 헤매고 다녔다네. 항상 운명 앞에서는 흉조가 있게 마련이지. (유령이 다시 나타난다.) 쉿! 저것 봐. 또 유령이 나타났어. 유령! 거기 서라! 내 말을 알아듣거든 어서 말을 해 봐라. (닭이 운다.) 가지 말고 어서 말을 해! 마셀러스, 못 가게 좀 막아 줘.

마셀러스 - 창으로 찌를까?

호레이쇼 - 그래, 서지 않으면 그렇게라도 해 줘.

바나도 - 자, 받아라! (창으로 유령을 찌르며)

마셀러스 - 가 버렸어. (유령이 사라진다.) 허공을 치는 거나 마찬가지야. 그냥 창칼이 지나가는군. 소용이 없어.

호레이쇼 - 닭이 울자 죄인처럼 깜짝 놀라더니 도망을 치네.

호레이쇼 - 이 일을 햄릿 왕자님께 알리세. 유령이 우리한테 말을 하지 않았지만 왕자님께는 할 거 같네.

마셀러스 - 그렇게 하세. (세 사람 모두 퇴장)

제2장 성안 회의실

나팔 연주자, 덴마크의 왕 클로디어스, 왕비 거트루드, 신하들, 폴로니어스와 그의 아들 레어티스, 볼티먼드와 코닐리어스, 모두 예복을 입고 대관식을 마치고 물러나오는 중이다. 끝으로 검은 상복을 입은 햄릿 왕자가 등장한다.

왕 - 친형인 햄릿 왕이 세상을 떠나시던 기억이 아직도 생생하오. 만백성이 햄릿 왕의 죽음을 애도했지. 그러나 짐은 정신을 차려 왕으로서의 할 일을 잊지 않았소. 거기다 짐은 지난날의 형수를 왕비로 맞이하게 되었다오. 이제 노르웨이의 포틴브라스 2세에 관한 일을 논의하겠소. 이쪽 실력을 얕보았는지, 아니면 선왕이 돌아가셔서 국가 질서가 무너지고 사기가 저하되었다고 생각했는지 꿈 같은 헛된 기대로 사신을 보냈다오. 내용은 제 아비가 잃은 영토를 다시 반환하라는 것이라오. 여기에 노르웨이에서 보낸 칙서가 있소. 그 조카라는 녀석이 백성들을 소집해 대군을 조직하고 있다고 하오. 그래서 그 짓을 못하도록 단속해 달라는 사연이오. 이에, 이것을 전하는 사신으로 코닐리어스 경과 볼티먼드 경을 보내오. 자, 여기 칙서를 받으시오. 어서 노르웨이로 가시오.

코닐리어스, 볼티먼드 - 분부대로 잘 하겠습니다.

왕 - 다녀오시오. (두 사람 퇴장한다.) 참, 레어티스, 무슨 부탁이 있다고 들었는데……. 어서 말해 보아라.

레어티스 - 황공하오나 소인을 프랑스로 돌아가게 해 주십시오.

왕 - 너의 아버지의 허락을 받았느냐? 폴로니어스 경, 어떻소?

폴로니어스 - 예, 제 자식놈이 어찌나 졸라 대는지…… 승낙을 해 주고 말았습니다. 아비로서 왕께 비오니 허락해 주십시오.

왕 – 그래, 잘 가거라. 레어티스. 그런데 참, 내 조카, 내 아들 햄릿은…….

햄릿 – 여기에 있습니다.

왕 – 햄릿, 네 얼굴에 잔뜩 구름이 끼었구나.

왕비 – 햄릿, 이제 그 어두운 상복은 벗고 덴마크 왕을 정답게 보려무나. 언제까지 아버님을 찾고만 있을 거냐? 누구나 한번 세상에 왔다가 세상일을 마치면 저승으로 떠나게 마련이다.

햄릿 – 잘 알고 있습니다, 어머니.

왕비 – 그런데 왜 그렇게 아직도 슬픔에 젖어 있느냐?

왕 – 부친을 생각하는 것은 아름다운 마음이다. 그러나 이렇게 계속 슬픔에 젖어 있는 것은 신을 모독하는 것이다. 대장부답지 못한 짓이야. 제발 슬픔은 벗어 버리고 이 왕을 친아버지처럼 생각해 다오. 햄릿, 너는 왕위를 이어 갈 사람, 친아버지 못지않게 너를 사랑한다. 제발 나의 아들과 조카로서 이 왕의 힘이 되어 주길 바란다.

왕비 – 햄릿, 이 어미도 같은 마음이란다. 제발 부탁이다.

햄릿 – 알겠습니다. 어머니의 분부대로 하겠습니다.

왕 – 햄릿, 참 기특하다. 왕비, 햄릿이 이렇게 승낙을 해 주니 마음이 날아갈 것 같소. 축하하는 의미로 오늘 덴마크 왕의 축배를 올리리라! 즐거운 한 잔 한 잔에 축포를 터뜨려 이 기쁨을 천상에 알리도록. 자, 이제 안으로 들어갑시다. (나팔 소리와 함께 모두 퇴장하고 햄릿만 남는다.)

햄릿 – 아, 차라리 이 몸이 녹아 이슬이 되었으면! 하느님은 왜 자살을 금하셨을까? 에잇, 더러운 세상! 아버지가 돌아가신 지 겨우 두 달, 아니 두 달도 되지 않았어. 아버지는 참 훌륭하신 왕이셨어. 지금의 왕과는 전혀 다르지. 어머니를 몹시 위하셨어. 어머니는 늘 아버지께 매달리셨지. 그런데 아버지가 돌아가시자 한 달도 못 되어 마음을 바꾸다니. 여자란 할 수 없군!

호레이쇼, 마셀러스, 바나도 등장.

호레이쇼 - 왕자님, 안녕하십니까?

햄릿 - 호레이쇼 아닌가. 그 동안 잘 있었나? 그런데 비텐베르크에서는 무슨 일로 돌아왔나? 아, 마셀러스도 왔군.

호레이쇼 - 워낙 놀기를 좋아하는 놈이라서요.

햄릿 - 자네 원수들이 그런 말을 해도 믿지 않을 나일세. 대체 무슨 일로 이 엘시노어에 왔나?

호레이쇼 - 실은 선왕의 죽음 때문에 왔습니다. ……저, 어젯밤에 선왕을 뵈었습니다.

햄릿 - 그게 무슨 말인가? 아버지를 보았다고?

호레이쇼 - 제가 목격한 해괴한 일을 말씀 드리겠습니다. 이 사람들이 증인입니다. (마셀러스, 바나도를 돌아다보며)

햄릿 - 어서 말을 해 주게. 어서!

호레이쇼 - 실은 어제 마셀러스와 바나도가 이틀 밤 동안 같이 보초를 서다가 캄캄한 밤중에 선왕을 보았다고 했습니다. 꼭 선왕의 모습을 한 유령이 완전 무장을 하고 두 사람 옆을 엄숙하고 당당하게 지나갔다고 합니다. 두 사람은 어찌나 무섭던지 사시나무 떨듯이 달달 떨면서 벙어리가 된 것처럼 아무 말도 못했답니다. 그리고 이 무서운 일을 저에게 전해주었죠. 저는 처음엔 이 사람들이 잘못 본 것이라고 생각했습니다. 그러나 이 사람들이 워낙 강하게 말하는 바람에 제가 직접 확인하려고 했죠. 그래서 사흘째 되는 밤에 저도 보초를 섰습니다. 그런데 정말로 두 사람 말대로 선왕의 모습을 한 그 유령이 나타난 것입니다. 틀림없이 선왕이셨습니다.

햄릿 - 그 곳이 어딘가?

마셀러스 - 저희들이 보초를 선 저 망대 위입니다. 저희가 말을 걸어 보았지요. 그러나 대답은 없고 다만 한 번 얼굴을 들어 머뭇거리며 무슨 말을 할 듯 했습니다. 그런데 그 때 새벽닭이 요란하게 홰를 치자, 질겁을 하고 사라졌습니다. 유령은 새벽을 싫어하니까요.

햄릿 - 오늘 밤도 보초를 서는가?

모두 - 예, 오늘 밤도 보초를 섭니다.

햄릿 - 그래 어떤 얼굴이었나?

호레이쇼 - 슬픈 표정이었습니다.

햄릿 - 나도 그 자리에 있었으면 좋았을 것을……. 오늘 밤엔 나도 같이 보초를 서겠네. 혹시 또 나타날지도 모르니 말야.

호레이쇼 - 틀림없이 또 나타날 겁니다.

햄릿 - 선친 모습을 하고 나타난다면 내가 말을 걸어 보겠어. 모두들, 지금 내게 한 이야기는 아무에게도 말하지 말게. 그럼 잘들 가게. 오늘 밤 망대에서 만나세. (모두 절을 하고 퇴장한다.) 아버님 혼령이 갑옷을 입고 나타났다고……. 이거 보통 일이 아니군. (퇴장)

제3장 폴로니어스 저택의 어느 방

레어티스와 그의 누이동생 오필리아 등장.

레어티스 - 짐은 다 실어 놨다. 그럼, 잘 있어라. 가끔 소식도 전해라. 햄릿 왕자님이 너를 좋아하는 것 같은데. 그건 다 한때의 기분이고 청춘의 혈기란다. 덧없는 순간적인 향기니까 너무 마음 쓰지 말아라.

오필리아 - 그래요?

레어티스 - 그래. 햄릿 왕자님은 지금 널 사랑하고 있겠지. 그러나 지위가 올라가면 자기 뜻대로 할 수만은 없단다. 왕자라는 신분에 지배를 받거든. 그러니 너를 사랑한다고 말씀하셔도, 그분 말에 솔깃해져서 정신을 잃지는 말아라.

오필리아 - 오빠의 말씀, 잊지 않고 가슴속에 소중히 간직할게요.

레어티스 - 이런, 너무 지체를 했어. (폴로니어스 등장) 아버님이시다. 작별 인사를 해야겠다. (아버지를 보고 무릎을 꿇는다.)

폴로니어스 - 아직도 떠나지 않았느냐? 어서 배를 타라. 다들 기다리고 있다.

레어티스 - 예, 그럼 저는 이만. (일어서면서) 오필리아, 잘 있어라. 내가 한 말은 잊지 말고.

오필리아 - 이 가슴속에 꼭꼭 묻어 둘게요.

레어티스 - 안녕히. (레어티스 퇴장)

플로니어스 - 얘야, 오빠가 무슨 말을 했니?

오필리아 - 햄릿 왕자님 이야기를 했어요.

폴로니어스 - 그랬구나. 듣자 하니 햄릿 왕자님이 요즘 자주 너를 만나러 온다더라. 너는 잘 만나 준다면서? 대체 둘 사이에 무슨 일이 있었니? 사실대로 말해 봐라.

오필리아 - 저를 사랑한다고 고백하셨어요.

폴로니어스 - 사랑이라고? 허! 그래 넌 그 말이 진실이라고 생각하느냐? 여자는 비싸게 굴어야 한다. 안 그러면 너 때문에 이 아비는 바보가 될 거야. 아니 그보다 목숨을 잃을지도 몰라.

오필리아 - 왕자님은 저에게 진실한 모습으로 고백하셨어요.

폴로니어스 - 허허, 모르는 소리! 처녀로서 몸가짐을 바르게 하고 왕자님에게 좀 도도하게 굴어라. 앞으로는 잠시라도 왕자님과 이야기하

지 말아라. 내 명령이다. 자, 안으로 들어가자. (두 사람 퇴장)

제4장 망대 위

햄릿, 호레이쇼, 마셀러스 한쪽 작은 탑에서 등장.

햄릿 - 바람이 너무 차서 살을 에는 것 같구나. 몇 시나 되었는가?
호레이쇼 - 아직 자정은 안 된 것 같습니다.
마셀러스 - 아니, 지금 열두 시를 쳤습니다.
호레이쇼 - 그 유령이 나타날 시간이 되었군. (안에서 나팔 소리와 대포 소리) 아니, 이 소리는 무슨 소립니까?
햄릿 - 국왕께서 밤새도록 잔치를 여신단다. 술을 마시며 난장판을 벌이는 거지. 왕이 포도주를 들이킬 때마다 저렇게 북을 치고 나팔을 불어 왕의 건배를 알리는 거지.

갑자기 유령이 나타난다.

호레이쇼 - 왕자님, 저것 좀 보십시오.
햄릿 - 이런, 정말 아버님과 똑같군. 그래, 그대는 천사냐, 악마냐? 그대의 정체를 모르겠지만 인간의 모습을 하고 나타났으니 하나 물어보겠다. 그대를 덴마크의 왕, 이 햄릿의 아버님이라 부르겠다. 자, 대답해 봐라. 죽어서 매장된 시체가 어찌하여 수의를 벗고 무장을 하고 나타났는가? (유령이 따라오라고 손짓을 한다.)
마셀러스 - 따라가지 마세요, 왕자님.
호레이쇼 - 가시면 안 됩니다, 왕자님.

햄릿 - 여기선 말할 것 같지 않구나. 그러니 따라가 봐야겠어.

호레이쇼 - 안 됩니다.

햄릿 - 무서울 거 없다. 무슨 일이야 있겠느냐?

호레이쇼 - 안 됩니다.

햄릿 - 내 운명이 나를 부르고 있다. 저리 비켜라! 저 유령을 따라가 겠다. (유령이 작은 탑으로 사라진다. 햄릿은 그 뒤를 따라간다.)

호레이쇼 - 왕자님은 넋이 나가신 거 같아.

마셀러스 - 따라가 봅시다. (두 사람 햄릿 뒤를 따라 퇴장)

제5장 성벽 밑 공터

성문으로 유령 등장. 햄릿 따라서 등장. 햄릿은 칼을 빼들고 빈 칼자 루를 십자가처럼 들고 나온다.

유령 - 내 말을 잘 들어 봐라.

햄릿 - 어서 말을 해라.

유령 - 내 말을 들으면 원수를 갚을 것인가?

햄릿 - 뭐라고? 원수를 갚으라고?

유령 - 나는 네 아비의 혼령이다. 비열한 암살을 저지른 자에게 복수 를 해 다오. 들어 봐라, 햄릿. 내가 정원에서 잠자다가 독사에게 물려 죽었다고 세상은 알고 있지. 이 나라 백성들은 그 조작된 내용에 감 쪽같이 속고 있다. 그러나 사실은 네 아비를 죽인 그 독사가 지금 왕 관을 쓰고 있다.

햄릿 - 뭐라고? 숙부가!

유령 - 음탕하게 불륜을 일삼는 짐승만도 못한 놈! 이 무슨 배신이 냐. 오, 벌써 새벽 바람이 부는구나. 간단히 이야기하마. 정원에서 잠

을 자고 있는데 네 숙부가 독약병을 들고 살금살금 기어오더구나. 그러더니 독약을 내 귓속에 부었다. 그 독약은 사람의 피를 더럽히는 극약이라 삽시간에 온몸에 퍼져 피를 응고시키고 만다. 나는 낮잠을 자다가 동생에게 왕관과 아내를 한꺼번에 빼앗기고 말았다. 너에게 효심이 있다면 참지 말아라. 그러나 네 어머니에 대해서는 비열한 마음을 먹지 말아라. 해칠 생각도 하지 말아라. 그럼 잘 있거라. 날이 새는 모양이다. 이 아비를 잊지 말아다오. (땅 속으로 유령이 사라지고 햄릿은 무릎을 꿇고 절규한다.)

햄릿 – 오, 맙소사! 이런 일이 있었다니. 이제 정신을 차리자. (일어선다.) 아, 가련하고 불쌍한 유령, 이 일을 잊지 말아 달라고? 아무렴. 이 일을 어떻게 잊을 수 있단 말인가.

호레이쇼와 마셀러스, 성문에서 나와 어둠 속에서 왕자를 부른다.

마셀러스 – 왕자님!

호레이쇼 – 하느님, 왕자님을 보살펴 주소서.

햄릿 – 여기다.

마셀러스, 호레이쇼 – 어떻게 되었습니까?

햄릿 – 엄청난 소식을 들었다.

호레이쇼 – 무슨 일입니까? 말씀해 주십시오.

햄릿 – 자네들은 내가 유령과 무슨 말을 했는지 궁금하겠지? 오늘 밤 있었던 일을 누설하지 말아 다오.

두 사람 – 절대로 누설하지 않겠습니다.

햄릿 – 잘 부탁하네. 비록 힘없는 햄릿이지만 하느님의 은혜로 장차 자네들의 우정에 보답할 걸세. 자, 들어가서 이야기해 주겠네. (세 사람 모두 성문으로 퇴장)

몇 주가 지났다.

제2막

제1장 성안 알현실

정면 입구 뒤쪽으로 복도가 있다. 입구 좌우에는 막이 내려져 있고 그 안쪽에 문이 있다. 나팔 소리가 난다. 왕과 왕비가 로젠크랜스, 길덴스턴을 거느리고 등장.

왕 - 로젠크랜스와 길덴스턴! 수고를 해 줘야 되 일이 있어 이렇게 급히 너희 두 사람을 불렀다. 너희들도 대충 이야기를 들었을 테지만 왕자가 영 딴사람이 되었다. 너희들은 어려서부터 왕자를 잘 알고 있으니 잠시 이 성안에 머물면서 왕자의 벗이 되어 주길 바란다. 그러면서 왕자를 살펴보거라. 어쩌면 마음에 고민이 있는지도 모른다. 그 원인을 알면 치료해 줄 방법이 있을 게 아니냐.

왕비 - 햄릿은 줄곧 두 사람 말을 한다오. 두 사람처럼 햄릿이 좋아하는 친구가 어디 있겠소. 두 사람이 여기 있으면서 힘이 되어 준다면 그것보다 더 고마운 일은 없을거요.

로젠크랜스, 길덴스턴 - 전하의 명령대로 충성을 다하겠습니다. (두 사람 절을 하고 퇴장)

폴로니어스 등장해서 왕에게 이야기한다.

폴로니어스 - 사절단이 노르웨이에서 좋은 소식을 가져왔습니다.

왕 - 당신은 언제나 기쁜 소식을 가져오는군요.

폴로니어스 - 그것은 저의 의무입니다. 드디어 햄릿 왕자님의 미친 행동의 원인을 알아냈습니다. 그전에 사신들을 만나십시오. 그리고 나서 햄릿 왕자님에 대해 말씀드리겠습니다.

왕 - 그럼 경이 가서 사신들을 맞아들이시오. (폴로니어스 퇴장) 왕비, 폴로니어스가 햄릿이 미친 원인을 알아 냈다는군요.

왕비 - 선친이 돌아가신 것과 우리의 갑작스런 결혼 이외에 다른 이유가 있겠습니까? (폴로니어스, 볼티먼드, 코닐리어스 등장)

왕 - 경들의 귀국을 환영하오. 그래, 노르웨이 왕의 회답은?

볼티먼드 - 즉시 신하를 파견하여 조카 포틴브라스의 행동을 중지시켰습니다. 포틴브라스는 복종했습니다. 그리고 노왕의 대단한 꾸중을 듣고 다시는 덴마크 왕가에 대해 무력행사를 하지 않겠다고 했습니다. 노왕은 이 국서에 씌어 있는 것 같이 (서류를 왕에게 바치면서) 노르웨이 군대가 덴마크 영토를 통과하도록 허락해 달라고 합니다.

왕 - (서류를 받으며) 음, 잘되었소. 국서는 나중에 검토해 보고 회답을 하겠소. 오늘 저녁에는 경들의 활약을 치하하는 잔치를 베풀겠소. (볼티먼드와 코닐리어스가 절을 하고 퇴장)

폴로니어스 - 햄릿 왕자님께서 실성한 원인에는 여러 가지가 있겠지요. 그런데 저의 딸아이가 이 편지를 저에게 주었습니다. (햄릿의 편지를 읽는다.) '천사 같은 내 영혼의 우상, 오필리아. 당신의 순백한 가슴속에 이 편지를…….' 저는 딸년에게 이렇게 타일렀습니다. 햄릿 왕자는 네게 하늘의 별과 같은 존재다. 그건 도저히 안 될 일이다. 그리고 앞으로는 햄릿 왕자를 만나지 말고 그 분이 보내는 선물도 받지 말라고 했습니다. 물론 효심 많은 딸년은 제 말을 따랐습니다. 그런데 딸년의 거절을 받은 햄릿 왕자님께서 비탄에 빠지셨습니다. 너무 슬퍼서 실성하신 것입니다.

이 때 햄릿이 복도로 책을 읽으며 들어온다. 실내에서 말소리가 나자 잠깐 멈춰서 커튼 그늘에 몸을 숨긴다.

왕 – 좀더 깊이 알아볼 방법이 없을까?

폴로니어스 – 왕자님은 가끔씩 복도를 왔다갔다하십니다. 그 때 제 딸년을 보내겠습니다. 그리고 우리는 커튼 뒤에 숨어서 지켜보면 어떻겠습니까? 만약 왕자님이 딸년을 사랑해서 실성한 것이 아니라면 저는 궁궐에서 물러나 시골에 가서 농사를 짓겠습니다.

햄릿, 책을 읽으면서 걸어나온다

폴로니어스 – 어서, 저쪽으로. 어서들 피하십시오. (왕과 왕비가 허둥지둥 자리를 떠난다.) 왕자님! 문안드립니다. 저를 아시겠습니까?

햄릿 – 알고말고. 자네는 술집 주인이 아닌가? 그게 아니라면 그만큼이라도 정직한 인간이 돼 보게.

폴로니어스 – (관객을 보며) 몹시 돌았어, 하긴 나도 젊어서 상사병에 걸린 적이 있었지. 한번 더 말을 걸어 봐야지. (햄릿 왕자를 보고) 햄릿 왕자님, 뭘 읽고 계십니까?

햄릿은 알 수 없는 말을 혼자서 중얼거린다.

폴로니어스 – 왕자님! 공기가 너무 찹니다. 안으로 들어가십시오. 저는 이만 물러가겠습니다. 안녕히 계십시오. (퇴장)

햄릿 – 에잇! 이 보기 싫은 바보 늙은이들! (다시 책을 읽는다.)

로젠크랜스와 길덴스턴이 온다.

로젠크랜스, 길덴스턴 – 햄릿 왕자님, 문안드립니다.

햄릿 – 이거 참 반가운 친구들이군. 요새 어떻게 지내는가? 그런데 무슨 일이라도?

로젠크랜스 – 햄릿 왕자님을 만나려고요. 다른 목적은 없습니다.

햄릿 – 난 다 알고 있네. 누가 불러서 여기 왔다는 것을. 자네 얼굴에다 나타나 있어. 왕과 왕비가 불렀다는 것이.

로젠크랜스 – 그럴리가요. 무슨 목적으로요. (방백) 어떻게 할까?

햄릿 - (방백) 내가 속을 줄 알고! (큰 소리로) 우린 친구 사이가 아닌가? 그렇게 쉬쉬하지 말게. 내가 사실을 말하겠네. 내가 먼저 말하면 자네들은 왕과 왕비한테 비밀을 누설했다는 누명을 받지 않을 테니까 말야. 왠지 내가 요즘 만사에 재미를 잃고 평소 즐겨 하던 운동도 하지 않지. 항상 마음이 우울해. 사람들이 싫어졌어. 여자도 싫어졌어. 자네들은 그렇지 않은 모양이야. 웃는 것을 보니 말야.

로젠크랜스 - 연극을 보시면 어떨까요? 배우들이 왕자님께 연극을 보여 드리려고 이리로 오고 있는 중입니다.

햄릿 - 그래, 내가 환영해 주지. 그런데 그들은 어떤 배우들인가?

로젠크랜스 - 왕자님께서 평소 좋아하시던 그 수도 비극단입니다.

나팔 소리.

길덴스턴 - 배우들이 도착한 것 같습니다.

폴로니어스 등장.

햄릿 - 이런, 저기 커다란 갓난아기가 오고 있군. 아직도 기저귀 신세를 못 면하고 있는 사람 말일세.

로젠크랜스 - 늙으면 다시 어린애가 된다고 하지 않습니까?

폴로니어스 - 왕자님, 반가운 소식이 있습니다. 배우들이 막 도착했습니다. 천하의 명배우들입니다. 무슨 극이든 잘합니다.

햄릿 - (배우 네댓 명 등장) 잘 왔소. 참 반갑군요. 그럼 어디 맛좀 보여 주구려. 아주 비장한 장면으로 말이오.

배우 1 - 어떤 장면이 좋으시겠습니까?

햄릿 - 아, 왜 언젠가 들려준 것 있잖소. 내가 한번 해 보리다. '호걸 피루스, 마음도 검은 당신이 시커먼 갑옷을 입고, 그 검은 얼굴에 피를 칠하였도다. 온몸이 피투성이라. 아라비아 딸과 아들들의 선혈로 화염이 일어나고 시체는 숯이 되니 생지옥 같구나.' 자, 그 다음을 받아서 하시오.

폴로니어스 - 왕자님, 참 잘하십니다. 연극에 재주가 많으십니다.

배우 1 - '그러나 그 때, 보자기를 몸에 두른 왕비는……'

햄릿 - 보자기를 두른 왕비라고?

배우 1 - '맨발로 허둥지둥 뛰어나와 불을 끄려는지 소나기 같은 눈물을 뿌리며……'

햄릿 - 이제, 그만! 나머지는 나중에 듣기로 합시다. 그럼, 영감! 배우들을 잘 대접하시오.

폴로니어스 - 알겠습니다. 자, 들어갑시다. (문 쪽으로 나간다.)

햄릿 - 자, 저 영감을 따라가 보시오. 내일 연극을 봅시다. (배우 1에게) 여보게, 〈곤자곤의 시역〉을 상연할 수 있겠나?

배우 1 - 물론입니다, 왕자님.

햄릿 - 그럼 내일 밤 그걸 상연해 주오. 그런데 열여섯 줄 정도의 대사를 내가 삽입해 줄 테니, 외울 수 있겠지?

배우 1 - 물론입니다. (폴로니어스와 다른 배우들 퇴장)

햄릿 - 됐어, 그럼. 저 영감을 따라가게. (배우 1 퇴장하면 로젠크랜스와 길덴스턴을 향해) 이거 미안하네. 친구들, 밤에 다시 만나세.

로젠크랜스 - 그럼 안녕히 계십시오. (두 사람 퇴장)

햄릿 - 이제는 나 혼자만 남았어. 나는 어째서 이렇게 바보스럽고 비열할까? 아까 그 배우들을 봐. 대사에 따라 표정이 달라지잖아. 그런데 우둔하고 미련한 이 못난 사람은 아무것도 하지 못하고 할 말도 못하고 멍하니 무위도식만 하고 있으니. 흉측한 수단에 걸려 왕위와 생명을 잃은 아버지를 도와 드리지 못했으니. 복수하리라. 옳지! 죄를 지은 놈들은 연극을 구경하다가 어떤 장면에 감동된 나머지 자기의 죄를 고백한다지. 음, 아까 그 배우들에게 숙부 앞에서 아버지 살해

장면과 비슷한 연극을 하게 해야겠어. (퇴장)

하루가 지났다.

제3막

제1장 알현실 밖의 복도

벽에는 휘장이 드리워져 있다. 중앙에 탁자가 있고 한쪽 구석에 십자가가 달린 기도용 책상이 있다. 왕과 왕비 등장. 그 뒤에 폴로니어스, 로젠크랜스, 길덴스턴 등장. 잠시 후에 오필리아 등장.

왕 - 햄릿이 왜 낙심하고 실성했는지 알아 낼 수 없었단 말이지?

로젠크랜스 - 왕자님 스스로도 자기가 이상이 있다는 것을 알고 계십니다. 그러나 무엇 때문에 그렇게 되었는지는 도무지 말씀하지 않습니다.

길덴스턴 - 게다가 자기를 몰래 살피고 있다는 것을 아시는 것 같습니다.

왕비 - 무슨 오락이라도 권해 드렸나?

로젠크랜스 - 왕자님께 연극을 보여 드리기로 했습니다.

폴로니어스 - 왕자님께서는 전하와 왕비님께서도 연극을 관람해 달라고 하십니다.

왕 - 아, 관람하고말고. 자네들은 어서 가서 왕자가 오락에 마음이 끌리도록 노력해 보아라.

로젠크랜스, 길덴스턴 - 예, 알겠습니다. (두 사람 퇴장)

왕 - 왕비는 들어가 있으시오. 사실은 햄릿을 이리 불렀다오. 여기서 오필리아와 만나게 하려고 말이오. 왕자가 어떤 행동을 하는 지를 보면 실성한 원인이 사랑 때문인지 아닌지를 알 수 있지 않겠소.

왕비 - 오필리아, 네 아름다움으로 왕자가 실성했다면 이번에는 너의 아름다운 인격으로 왕자를 온전한 사람으로 만들어 주길 부탁한다.

오필리아 - 저도 그러기를 바라옵니다. (왕비 퇴장)

폴로니어스 - 오필리아, 여기서 왔다갔다하면서 이 책을 읽고 있어라. (기도용 책상에서 책을 집어 준다.) 전하, 발소리가 들립니다. 어서 숨으시지요. (두 사람이 휘장 뒤로 숨고 오필리아는 기도용 책상 앞에 무릎을 꿇는다.)

햄릿, 침통한 표정으로 등장.

햄릿 - 죽느냐 사는냐, 이것이 문제로다. 가혹한 운명의 화살을 참는 것이 장한 것이냐? 아니면 환난의 파도를 두 손으로 막는 것이 장한 것이냐? 죽는다. 잠잔다. 다만 그것뿐이다. 잠들면 모든 것이 끝난다. 육체의 고통, 마음의 번뇌라면 차라리 죽음이 좋으리라. 잔다. 그럼 꿈을 꾸겠지. 아, 이것이 문제다. 생의 굴레에서 벗어나 영원한 잠을 자면 어떤 꿈을 꿀까? 이것을 생각하면 죽음을 망설일 수밖에. 그러나 이런 망설임 때문에 인생은 일평생 불행하게 마련이지. 한 자루의 칼이면 인생을 깨끗이 청산할 수 있는데. 그 누가 이런 무거운 짐을 지고 인생을 신음하며 진땀을 흘릴 것이냐. 죽음 이후의 불안과 한번 가면 영영 돌아오지 못할 세계가 나의 결심을 방해하는구나. 이런 것 때문에 우리 모두 겁쟁이가 되는구나. 가만있자, 아름다운 오필리아. 오, 숲의 여신, 당신은 기도 중인가요? 그렇다면 제발 나를 위해 기도해주시오.

오필리아 - (일어나면서) 왕자님, 그 동안 안녕하셨어요?

햄릿 - 전 언제나 잘 있습니다.

오필리아 - 제게 주신 사랑의 선물을 돌려 드리려 했는데 이 날까지 드리지 못했군요. 자, 이제 부디 받아주세요.

햄릿 - 나는 선물을 한 적이 없다오.

오필리아 - 아니, 왜 그런 말씀을. 그 때는 그윽한 말씀으로 그 선물이 향기가 있었는데 이제는 향기가 사라졌으니 도로 가져가세요. 아무리 화려한 선물이라도 보낸 사람의 정이 변하면 초라해지지요. 자, 받으세요. (가슴에서 보석을 꺼내 햄릿 앞의 탁자 위에 놓는다.)

햄릿 - 하하, 당신은 정숙한 여자인가요?

오필리아 - 예?

햄릿 - 얼굴은 예쁜가요?

오필리아 - 무슨 말씀이신지?

햄릿 - 정숙과 예쁜 것. 이 둘과 너무 친하게 지내지 마시오. 미인이 정숙한 여자를 타락시키기는 쉬운 일이오. 하지만 미인을 정숙하게 하기는 쉽지 않지요. 나는 한때 당신을 사랑했었소.

오필리아 - 그럼, 지금은 아니란 말씀인가요?

햄릿 - 수녀원으로 가시오. 뭣 때문에 죄인을 낳고 싶어합니까? 나는 오만하고 복수심이 강하고 야심이 많다오. 무슨 죄를 범할지 모르는 인간이오. 기회만 있으면 단번에 죄를 범하려고 한다오. 나는 마음속에 여러 가지 죄를 갖고 있어요. 우리는 모두 악한 사람들이라오. 아무도 믿지 말고 수녀원으로 가시오. (갑자기) 그런데 당신 아버지는 어디 계시오?

오필리아 - 집에 계세요.

햄릿 - 그럼 밖으로 못 나오게 문을 모두 잠그시오. 밖에 나와서 바보짓을 못하게 말이오. 그럼 잘 있으시오. (햄릿 퇴장)

오필리아 - (십자가 앞에 무릎을 꿇고) 천사들이여, 왕자님을 구원해 주소서. 그토록 고상하시던 기품이 저 꼴이 되시다니.

왕과 폴로니어스가 휘장 뒤에서 나온다.

왕 - 사랑 때문이라고? 당치도 않은 소리! 왕자의 말은 그 한 마디 한 마디가 미친 사람 같지가 않아. 뭔가 머릿속에 있는 거야. 그것 때문에 저렇게 우울한 거야. 음…… 즉시 왕자를 영국으로 보내는 거야. 아직 받지 못한 조공을 독촉한다는 명목으로 보내는 거지. 이국의 색다른 풍물을 보면 고민이 사라질 수도 있어.

폴로니어스 - 참 좋은 생각이십니다. 하지만 역시 왕자님의 고민은 실연 때문이라고 생각합니다. 전하, 연극이 끝난 뒤에 왕비님께서 왕자님을 부르셔서 원인을 직접 묻게 하심이 어떨까요? 그래도 원인을 알 수 없다면 그 때 영국으로 파견하시든지, 어디 적당한 곳에 감금하시든지 하십시오.

왕 - 그렇게 하지. 왕자의 미친 짓을 그냥 두고 볼 수는 없는 노릇이니까.

제2장 궁성 안의 홀

왕 쪽에 관람석이 있고 전면에 연단이 있다. 막 뒤는 속무대, 햄릿과 배우 세 사람이 등장.

햄릿 - (배우 1에게) 대사는 내가 아까 한 것처럼 자연스럽게 하시오. 자, 그럼 어서들 준비하게. (배우들 휘장 뒤로 들어간다. 잠시 후 폴로니어스, 로젠크랜스, 길덴스턴 등장) 아, 여보게들! 전하께서 연극을 보신다고?

폴로니어스 - 예, 왕자님. 왕비님께서도 곧 나오실 겁니다.

햄릿 - 그럼 어서 가서 배우들에게 준비하라고 하시오. (폴로니어스,

절을 하고 퇴장)

로젠크랜스 – 예. (로젠크랜스와 길덴스턴 퇴장하고 호레이쇼 등장)

햄릿 – 호레이쇼! 많은 사람들을 알지만 자네만한 사람은 없어. 자네
는 내 영혼의 벗이라네. 그건 그렇고, 오늘 밤 연극 공연이 있다네.
그 중 한 장면은 선친의 최후에 대해서 내가 자네에게 이야기한 장면
과 비슷하다네. 그 장면이 나올 때 숙부의 표정이 어떻게 되는지 살
펴주기 바라네.

호레이쇼 – 잘 알았습니다. (나팔 소리와 북 소리)

햄릿 – 아, 이제 나오는가 보군.

왕과 왕비 등장. 폴로니어스, 오필리아, 로젠크랜스, 길덴스턴, 그 밖
의 신하들 등장. 각기 자리에 앉는다.

왕 – 요즘은 어떠냐, 햄릿?

햄릿 – 아주 기분 좋습니다.

왕비 – 햄릿, 이리 와서 내 곁에 앉아라.

햄릿 – 아뇨. 전 이쪽이 더 좋습니다. (오필리아 쪽으로 간다.)

나팔 소리. 전면의 막이 좌우로 열리고 속무대가 나타난다. 이 속무대
에서 무언극이 시작된다.

왕과 왕비, 정답게 껴안는다. 왕비는 무릎을 꿇고 왕에게 애정을 맹세
한다. 왕은 왕비를 일으켜 안아 꽃이 만발한 둑에 같이 눕는다. 왕비
는 왕이 잠든 것을 보고 그 자리를 떠난다. 곧 한 사나이가 등장해 왕
의 왕관을 벗겨 들고 그 왕관에 키스를 한다. 그리고 잠든 왕의 귓속
에 독약을 넣고 퇴장한다. 왕비가 들어온다. 왕이 죽은 것을 알고 슬
픔에 잠긴다. 잠시 후 독살한 사나이가 서너 명의 부하를 데리고 와

서 왕비를 위로하는 척한다. 시체를 들고 나간다. 사나이는 예물을 왕
비 앞에 내놓고 사랑을 구한다. 왕비는 처음에는 거절하다가 사랑을
승낙한다.

무언극이 진행되는 동안 햄릿은 초조하게 왕과 왕비를 가끔씩 바라본
다. 막 앞에 배우 한 사람이 등장. 왕과 왕비, 배우의 대사를 열심히 듣
는다. 두 배우 등장, 극중의 왕과 왕비다.

극중 왕 - 왕비, 우리가 결혼한 지 얼마나 되었을까?

극중 왕비 - 기나긴 여로였지요. 그런데 요즘 전하께서 건강이 예전
같지 않으신 것 같습니다. 매우 염려되옵니다.

극중 왕 - 사랑하는 왕비, 나는 당신을 버리고 가야 할 운명이라오.
이제는 내 생명이 쇠약해져 버렸다오. 아름다운 세상에 당신은 살아
남아 백성들의 사랑을 받으면서 여생을 즐기시오. 그리고 좋은 남편
을 다시 만나……

극중 왕비 - 그만 하세요. 그런 말은 하지 마세요. 재혼을 할 바엔 차
라리 저주를 받겠어요. 새 남편에게 안기는 것은 남편을 두 번 죽이
는 것입니다.

극중 왕 - 그 말이 진정이라고 믿겠소. 하지만 인간이란 결심을 하고
도 스스로 깨뜨리게 마련이오. 슬픔이나 기쁨도 시간이 지나고 나면
그 자취를 감추고 마오. 인생은 무상한 것이라오. 그러니 우리의 사랑
이 세월이 변함에 따라 변하는 것도 이상한 일은 아니오. 지금은 재
혼할 의사가 없더라도 남편이 죽고 나면 그런 생각은 사라질 것이오.

극중 왕비 - 그럴 수는 없습니다. 절대로.

극중 왕 - 참으로 굳은 맹세군요. 나 혼자 있고 싶소. 정신이 좀 혼란
스러우니 좀 자고 나면 괜찮아질 것 같소. (잠이 든다.)

극중 왕비 - 푹 잠드소서. (퇴장)

왕 - 햄릿은 이 연극의 내용을 알고 있는가? 제목이 무엇인가?

햄릿 - 〈덫〉입니다. 물론 비유죠. 독일 빈에서 일어난 암살사건을 그대로 재연한 연극입니다. 대단히 흉측한 내용이지요.

이 때 루시어너스로 분장한 배우 1 등장. 까만 옷을 입고 손에는 독약병을 들고 있다. 얼굴을 찌푸린 채 잠자는 왕에게 천천히 다가온다.

햄릿 - 저 사람은 왕의 조카 루시어너스란 사람입니다.

오필리아 - 왕자님은 마치 해설자처럼 설명을 참 잘하시네요.

루시어너스 - 마음은 시커멓고 손은 빠르고 약효는 강하고 시간도 제격이야. 아무도 보는 사람이 없어. 자, 저 생명을 당장 끊어 버리자. (독약을 왕의 귓속에 붓는다.)

햄릿 - 왕위를 빼앗기 위해 왕을 독살하는 장면입니다. 이제 보십시오. 저 살인자는 왕비를 농락할 것입니다.

왕이 창백해진 얼굴로 휘청거리며 일어난다.

왕비 - 전하, 왜 그러세요? 몸이 불편하신가요?

폴로니어스 - 연극을 중지하라, 연극을!

왕 - 등을 가져오너라. ……. 난 들어가야겠다. (휘청거리며 나간다.)

폴로니어스 - 불! 불! 당장 불을 가져오너라. (햄릿과 호레이쇼만 남고 모두 퇴장)

햄릿 - 호레이쇼, 자네 보았지?

호레이쇼 - 예, 보았습니다.

햄릿 - 그 독살 장면도?

호레이쇼 - 예, 똑똑히 보았습니다.

로젠크랜스와 길덴스턴이 입장.

길덴스턴 - 왕자님, 황공하오나 한 마디 아뢰고자 합니다. 사실은 전하께서 거실로 들어가신 후 몹시 언짢아하십니다.

햄릿 - 그렇다면 어서 의사를 불러야 하지 않겠느냐?

길덴스턴 - 왕비께서 너무 염려하시어 저를 이렇게 보냈습니다.

햄릿 - 용건을 말해 보게. 그래, 어머니께서 뭐라고 하셨는가?

로젠크랜스 - 왕자님의 행동이 너무 당돌하셔서 매우 놀라셨다고 하십니다. 주무시기 전에 조용히 하실 말씀이 있으시답니다.

폴로니어스 등장.

폴로니어스 - 왕자님, 왕비께서 하실 말씀이 있다고 하십니다. 곧바로 오시랍니다.

햄릿 - 그럼, 곧 가서 뵙겠다고 아뢰시오.

폴로니어스 - 가서 그렇게 아뢰겠습니다. (폴로니어스, 로젠크랜스, 길덴스턴 퇴장)

햄릿 - 가는 것은 어렵지 않은 일이지. 아, 마음아! 나는 어머니의 아들임을 잊지 말아라. 자식된 도리를 잊지 말자. (퇴장)

제3장 궁성 안 복도

기도용 책상이 있다. 복도 바깥쪽은 알현실. 왕, 로젠크랜스, 길덴스턴 등장.

왕 - 난 미치광이를 그대로 둘 수 없다. 햄릿을 영국으로 보내겠다. 그러니 즉시 같이 출발하라. 그 미치광이가 난리를 피우니 내 신변이 위험하다. 그러니 어찌 편안하게 나라를 살필 수 있으리.

길덴스턴 - 곧 준비를 하겠습니다.

로젠크랜스 - 국왕의 생명은 이 나라의 생명입니다. 국왕의 불행은 나라를 어둡게 하고, 국왕의 탄식 소리는 백성의 신음 소리입니다.

왕 ― 어서 준비하고 떠나라.

로젠크랜스 ― 예, 서둘러 준비하겠습니다. (두 사람 퇴장)

폴로니어스 등장.

폴로니어스 ― 지금 왕자님께서 왕비마마를 뵈러 들어가십니다. 제가 휘장 뒤에서 두 분의 이야기를 엿듣겠습니다. 그럼 다녀오겠습니다.

왕 ― 수고하오. (폴로니어스 퇴장. 왕 이리저리 서성거린다.) 아, 이 죄악! 죄의 악취가 하늘을 찌르는구나. 형제를 죽인 죄로 기도를 드릴 수 없다. 기도하고 싶은 마음은 간절하나 죄에 더욱 압도당하는구나. 형의 피로 물든 이 손을 눈처럼 희게 해 줄 하늘의 단비는 없을까? 하느님을 어떻게 피할 수 있을까? 아, 비참한 내 심경. 천사님! 나를 도와주소서. (무릎을 꿇는다.)

햄릿, 등장하다가 왕을 보자 멈춘다.

햄릿 ― 기회는 지금이야. 마침 기도를 드리고 있어. 자, 해치우자. (칼을 빼든다.) 그러면 왕은 천국으로 떠나고 나는 원수를 갚는 거지. 저 악한이 내 아버지를 죽였는데 그 보답으로 외아들인 내가 그 악한을 천당에 보낸다는 것은 말이 안 돼. 저자가 지금 기도로 영혼을 깨끗하게 씻고 있어. 지금 죽으면 천당으로 갈 게 뻔하다. 그렇게 할 수는 없어. (칼을 다시 칼집에 넣는다.) 다음 기회를 기다리자. 만취해서 곤드레만드레가 되어 있을 때나, 쾌락을 탐하고 있을 때나 구원의 여지가 없을 때 죽이자. 그러면 저자는 지옥으로 떨어지겠지.

제4장 왕비의 침실

벽에 휘장이 드리워져 있다. 다른 쪽 벽에는 선왕의 초상화와 지금

왕의 초상화가 나란히 걸려 있다. 왕비와 폴로니어스 등장.

폴로니어스 - 왕자님을 단단히 타이르십시오. 장난을 해도 분수가 있지. 저는 여기 숨어 있겠습니다. 제발 왕자님을 혼내 주십시오.

햄릿 - (바깥에서) 어머니! 어머니!

왕비 - 염려하지 말고 어서 숨어요. 왕자가 오는 소리가 나요. (폴로니어스 휘장 뒤에 숨는다.)

햄릿 들어온다.

햄릿 - 어머니, 무슨 일이십니까?

왕비 - 햄릿, 너 때문에 아버님이 몹시 화가 나셨어.

햄릿 - 어머니 때문에 저의 아버지도 화가 나셨습니다.

왕비 - 무슨 말을 그렇게 하느냐? 너는 나를 잊었느냐?

햄릿 - 잊다니요, 천만에요. 왕비이시며 남편 동생의 아내시지요. 그리고 사실이 아니라면 좋겠지만 저의 어머니시죠.

왕비 - 정 그렇게 말하면 너를 꾸짖을 수 있는 분을 부를 테다.

햄릿 - (왕비를 붙들고) 자, 앉으십시오. 꼼짝하지 마시고.

왕비 - 날 어쩌려는 거냐? 죽이려는 거냐? 아, 여봐라. 누가 없느냐? 사람 살려라!

폴로니어스 - (휘장 뒤에서) 이런, 야단났네. 왕비님이 큰일났어. 사람 살려요!

햄릿 - (칼을 빼어들고) 이건 또 뭐야? 쥐새끼냐? 죽어라, 죽어!(휘장 속으로 칼을 찌른다.)

폴로니어스 - (쓰러지며) 아, 하느님.

왕비 - 이게 무슨 짓이냐?

햄릿이 휘장을 들어 보니 폴로니어스가 죽어 있다.

왕비 - 이 무슨 난폭하고 잔인한 짓이냐?

햄릿 - 잔인하다고요? 어머니, 왕을 죽이고 그 동생과 결혼하는 짓만 할까요?

왕비 - 왕을 죽였다고?

햄릿 - 예, 그렇습니다. (폴로니어스 시체를 가리키면서) 제기랄, 경솔하게 아무 데나 참견하니 이런 꼴을 당하지! (휘장을 내리고 왕비에게) 이젠 진정하시고 앉으시죠.

왕비 - 내가 무슨 행동을 했기에 나에게 대드는 거냐?

햄릿 - 어머니는 결혼의 맹세를 거짓되게 하셨습니다. (벽에 걸린 두 개의 초상화 쪽으로 왕비를 데리고 가서) 자, 두 형제의 초상화를 보십시오. 어머니는 자리를 옮겨가며 사랑할 수가 있는 분이셨습니까?

왕비 - 그만 해라, 햄릿. 네 말이 마치 단도처럼 내 가슴을 찌르는구나.

햄릿 - 살인자, 악당. 선왕의 백분의 일도 못한 놈! 영토와 왕위를 빼앗아 간 놈. 왕관을 훔쳐다가 제 호주머니에 집어넣는 놈 같으니!

왕비 - 이제 그만!

햄릿 - 거지 같은 왕. (이 때 망령이 잠옷 차림으로 나타난다.) 오, 나를 구원해 주소서. 수호 천사들이여! (망령에게) 대체 어떻게 하라는 거요?

왕비 - 미쳤구나, 미쳤어! 햄릿.

햄릿 - 아, 꾸짖으러 오셨군요. 이 불효 자식이 기회를 놓치고 중대한 어명을 받들지 않은 것을 꾸중하려고요. 아, 말씀하세요.

유령 - 잊지 마라. 아버지의 원수가 한 짓을. 하지만 너의 어머니의 공포에 찬 모습을 보아라. 저 고민을 도와 드려라. 자, 어머니께 말씀 드려라. 안심하도록.

햄릿 - 어머니, 어떠십니까?

왕비 – 너야말로 괜찮니? 아무것도 없는 허공에 대고 이야기하다니. 햄릿, 진정해라. 넌 대체 누구와 말을 하는 거니?

햄릿 – 어머니, 아무것도 안 보이십니까? 아무 소리도 안 들리십니까?

왕비 – 전혀.

햄릿 – 아, 저기를 보세요. 지금 사라지고 있어요. 아버님이 살아 있을 때와 같은 모습으로 저리로 가십니다. 지금 막 문으로 나가십니다. (망령이 사라진다.)

왕비 – 햄릿, 망상이다. 정신이 나가면 환상이 보인단다.

햄릿 – 어머니, 내가 하는 말은 미쳐서 나오는 말이 아닙니다. 어머니, 과거를 회개하십시오.

왕비 – 햄릿, 너는 내 마음을 두 개로 갈라놓았구나.

햄릿 – 그렇다면 나쁜 쪽은 버리시고 나머지 반쪽으로 깨끗하게 사십시오. 그럼 안녕히 주무십시오. 그러나 숙부에게로 가서 주무시지 마십시오. 제발 회개하여 하느님의 자비를 구하십시오. (폴로니어스를 보면서) 이 영감은 불쌍하게 되었군요. 시체는 제가 처리하겠습니다. 그리고 살인을 한 책임도 제가 지겠습니다. 자식된 자로서 충고를 하자니 너무 가혹하게 되었군요. 그리고 숙부가 부르시거든 이렇게 말하십시오. 내가 미친 것이 아니라고. 미친 체 가장한 것이라고. 그렇게 사실대로 말하는 것이 좋을 겁니다.

왕비 – 염려 마라.

햄릿 – 어머니, 저는 영국으로 갑니다. 아십니까? 독사만큼이나 믿음직한 친구 두 놈은 이미 왕명을 받았습니다. 이놈들이 길잡이가 되어 저를 함정으로 몰고 갈 모양입니다. 어디 해 보라지요. 이제 저 친구를 처치해야겠는데. 시체를 옆방으로 끌고 가야겠다. 이 영감은 살아 있을 때는 수다쟁이였는데 이제 조용해졌군요. (시체를 끌고 퇴장. 혼자 남은 왕비는 침대에 엎드려 흐느낀다.)

제4막

제1장 같은 장소

잠시 후 왕이 로젠크랜스와 길덴스텐을 데리고 등장.

왕 - (왕비를 일으키며) 무슨 일이오? 그래, 햄릿은 어디에 있소?

왕비 - 두 사람은 잠시 물러가시오. (로젠크랜스와 길덴스턴 잠시 물러난다.) 오늘 밤, 끔찍한 일을 당했어요.

왕 - 대체 무슨 일이오? 햄릿은 또 어떻게 되었소?

왕비 - 완전히 미쳤어요. 한참 발광하는데 휘장 뒤에서 인기척이 나자 칼을 빼들더니 뒤에 숨어 있는 폴로니어스를 죽였어요.

왕 - 나도 그 자리에 있었더라면 큰일을 당할 뻔했군. 그대로 두었다가는 나나 당신이나 위험해지겠소. 그런데 햄릿은 어디로 갔소?

왕비 - 시체를 치우러 나갔습니다. 미쳤으면서도 맑은 마음이 남아 있는지 회개의 눈물을 흘리더군요.

왕 - 자, 안으로 들어갑시다. 아침이 되면 햄릿을 바로 떠나보내야겠소. 여봐라. (길덴스턴과 로젠크랜스 등장) 햄릿이 제정신을 잃고 폴로니어스를 죽였다. 시체를 끌고 나간 모양이다. 좀 가서 찾아보아라. 잘 말해서 시체는 예배당에 안치해라. 왕비, 이제 곧 유능한 신하들을 소집해서 이 불상사에 대한 해결책을 구해야겠소. 자, 들어갑시다. (두 사람 퇴장)

제2장 궁성 안의 다른 방

햄릿 - 이만하면 됐어. 잘 처리했어.

로젠크랜스, 길덴스턴 - (안에서) 왕자님! 햄릿 왕자님!

로젠크랜스와 길덴스턴이 호위병을 데리고 허둥대며 등장.

로젠크랜스 - 왕자님, 시체는 어떻게 하셨습니까?

햄릿 - 흙과 섞었지. 사람은 죽으면 흙으로 돌아가지 않는가.

로젠크랜스 - 어디에요? 저희가 찾아 예배당에 안치하겠습니다. 시체는 어디에 두셨습니까?

햄릿 - 시체는 이미 선왕이 있는 곳으로 갔어.

제3장 궁성 안의 홀

왕이 두세 명의 중신들과 탁자에 마주 앉아 있다.

왕 - 아무튼 본인을 붙들어서 시체를 찾아오도록 사람을 보냈소. 왕자를 마음대로 다니게 내버려 두는 것은 위험하오. 왕자는 국민들한테 인기가 많소. 그래서 일을 원만하게 처리하기 위해서 왕자를 해외로 보낼 작정이오. (로젠크랜스와 길덴스턴 등장) 그래, 일은 어떻게 되었느냐?

로젠크랜스 - 시체를 감춘 곳을 말씀해 주시지 않습니다.

왕 - 햄릿은 어디 있느냐?

로젠크랜스 - 밖에 계십니다.

왕 - 어서 불러들이라.

햄릿, 호위 받으며 등장.

왕 - 햄릿, 폴로니어스 시체는 어디 있느냐?

햄릿 - 복도로 통하는 계단을 뒤져보면 아마 냄새가 날 것입니다.

왕 - (시종들에게) 어서 가서 찾아보아라. (햄릿을 보며) 햄릿, 일이 이렇게 되었으니 너를 멀리 보내야 할 것 같다. 그러니 곧 준비해라. 영국으로 갈 준비는 모두 끝냈다.

햄릿 - 영국이라고요? 좋습니다. (절을 하며) 안녕히 계십시오.

왕 - (로젠크랜스와 길덴스턴에게) 어서 뒤를 따라가서 바로 배에 태워라. 지체하지 말고. (왕만 남고 모두 퇴장) 영국 왕이여, 짐의 호의를 존중한다면 설마 짐의 부탁을 소홀히 하지는 않겠지. 내용은 국서에 있는 대로 햄릿을 즉시 사형에 처할 것. 이를 반드시 실행할 것. 영국 왕이여, 햄릿이 내 피 속에서 발악을 하는데 그 치료를 할 사람은 영국 왕 그대뿐이오.

제4장 덴마크, 어느 항구 근처의 평야

포틴브라스가 군대를 이끌고 진군.

포틴브라스 - 부대장, 가서 덴마크 왕에게 문안 여쭈어라. 그리고 약속대로 지금 영토를 지나가겠다고. 원한다면 직접 찾아뵙고 경의를 표하겠다고 전하라.

부대장 - 예, 분부대로 하겠습니다. (부대장 일행은 전진한다.)

포틴브라스 - (군대에게) 자, 진군! (부대를 거느리고 퇴장)

부대장은 도중에서 항로를 향해 가고 있는 햄릿, 로젠크랜스, 길덴스턴, 호위병들을 만난다.

햄릿 - 이 군대는?

부대장 - 노르웨이 군대입니다.

햄릿 - 출정의 목적과 지휘자는 누구인가?

부대장 – 폴란드의 어느 곳을 공략하러 가는 길이며, 지휘자는 노르웨이 왕의 조카인 포틴브라스입니다. 사실대로 말씀드리면 아무 이득도 없는 손바닥만한 곳을 점령하러 갑니다. 나 같으면 그런 토지는 거들떠보지 않겠습니다. 그걸 팔아 봤자 얼마 되지 않을 겁니다. 그럼 저는 이만. (퇴장)

로젠크랜스 – 그럼 이제 떠나시죠, 왕자님!

햄릿 – 내 곧 뒤따라갈 테니 먼저 가라. (햄릿만 남고 모두 퇴장) 대체 인간이란 무엇인가? 사람이 살아간다는 것이 단지 먹고 자는 것뿐이라면 동물과 다른 점이 무엇인가? 신이 사람에게 무궁한 판단력을 주신 것은 그만한 이유가 있는 것! 저 군대를 보라. 수많은 사람과 막대한 비용, 그것을 지휘하는 젊은이. 그러나 한번 죽으면 그만인 몸을 던져 전쟁을 하는 이유는 무엇인가? 손바닥만한 땅을 위해서? 또 나는 이게 무슨 꼴인가? 아버지는 살해당하고 어머니는 더럽혀지고……

몇 주일이 지났다.

제5장 엘시노어 궁성의 어느 방

왕비, 시녀들, 호레이쇼, 신하 한 명 등장.

왕비 – 그 애를 만나 이야기하고 싶은 마음은 없어요.

신하 – 왕비님을 뵙고 싶어합니다. 완전히 미쳐 버린 것 같습니다.

왕비 – 대체 무엇을 원하고 있나요?

신하 – 선왕 이야기를 합니다. 세상에는 이상한 일이 많다고 하시기도 하고, 무슨 소린지도 알아듣지 못할 이야기를 중얼거리기도 합니다.

호레이쇼 – 아무튼 만나 보는 게 좋겠습니다. 저러다간 백성들의 마음 속에 억측의 씨를 뿌리게 될지도 모릅니다.

왕비 - 좋아요. 만나보겠어요.

신하가 오필리아를 데리고 등장. 오필리아는 미쳐 있다.

왕비 - 오, 이런! 오필리아. 이게 대체 어찌 된 일이냐?

오필리아 - (노래를 부른다.) 우리 님을 어떻게 알아 낼꼬. 남의 님과 어떻게 구별할까. 순례의 나그네가 된 나의 님.

이때 왕이 들어온다.

왕비 - 저걸 보세요.

오필리아 - (계속 노래한다.) 꽃 속에 파묻혀 먼길 떠나네.

왕 - 이게 웬일이냐? 오필리아, 죽은 아버지를 생각하고 있구나. 언제부터 이렇게 되었는가?

오필리아 - 모든 일이 잘 되겠지요. 하지만 저는 울지 않겠어요. 그러나 자꾸 눈물이 나와요. 차디 찬 땅 속에 묻힌 아버지를 생각하니 말이에요. 저는 이제 가겠어요. 여러분, 안녕히. (오필리아 퇴장)

왕 - 어서 뒤를 따라가 봐라. (호레이쇼와 신하가 오필리아를 따라서 퇴장) 아버지가 죽어서 저런 꼴이 되었다오. 폴로니어스의 죽음에 대해 백성들이 말이 많소. 오필리아의 오빠가 프랑스에서 귀국했다오. 아버지 사망에 대해 엉뚱한 소문을 그에게 전해 주는 자들이 있겠지. 아마도 분명히 나를 비난하겠지. (이 때 밖에서 소동이 난 듯 요란스런 소리가 난다.)

왕 - (큰 소리로) 여봐라! 이게 무슨 일이냐?

시종 - 전하, 어서 피하십시오. 레어티스가 폭도들을 데리고 와서 위협하고 있습니다. 폭도들은 그놈을 국왕이라고 부르고 있습니다. (함성이 점점 높아진다.)

왕비 - 은혜도 모르는 개 같은 것들!

레어티스, 무장을 하고 난입하고 군중들이 그 뒤를 따라 들어온다.

레어티스 - 이 흉악한 왕아! 내 아버지를 내놔라. 우리 아버지를 어떻게 했느냐?

왕비 - 전하께서 어떻게 하신 것이 아니오.

레어티스 - 어떻게 돌아가셨소? 날 속이려 하지 마시오. 나는 지옥에 떨어져도 좋소. 하지만 내 아버지의 원수는 갚고 말겠소.

왕 - 그럼, 그 원수를 알고 싶은가? 네 아버지의 사망에 대해서는 나는 무죄다.

이 때 오필리아가 손에 꽃을 들고 다시 등장.

레어티스 - 아아, 나의 누이동생! 아름다운 오필리아! 아버지를 사모하는 정 때문에 미쳤구나.

왕 - 레어티스, 자네의 비통한 심정은 잘 안다. 네 아버지의 죽음에 있어 내게 혐의가 있다면 이 왕관과 나의 모든 소유를 너에게 주겠다. 그러니 진정하고 내 말을 들어라. 나와 협력해 네 원한을 풀자.

레어티스 - 좋소. 그렇게 합시다. 아버지의 시체를 찾지 못해 장엄한 예식도 드리지 못했습니다. 억울한 영혼의 울음소리가 들리는 것 같습니다. 나는 아버지의 죽음을 꼭 밝히고 말겠습니다.

왕 - 물론 그래야지. 죄가 있는 곳에 마땅히 응징이 있어야 하지. 자, 안으로 같이 들어가자. (두 사람 퇴장)

제6장 같은 장소

호레이쇼와 몇 사람 등장.

선원 1 - 안녕하십니까? 편지를 가지고 왔습니다. 영국으로 향하는 사절이 보낸 편지입니다.

호레이쇼 - (편지를 받아서 읽는다.) '우리는 출항한 지 이틀도 못 되어 무장한 해적에게 추격을 받았다네. 그 바람에 나는 적의 배로 옮겨졌다네. 그리고 나 혼자만 포로가 되었지. 그들은 의적답게 나를 왕자로서 대우해 주고 있네. 실은 이것도 나를 이용하여 이득을 보자는 속셈이지만. 한 통의 편지는 국왕 손에 들어가게 해 주게. 그런 다음에 빨리 나에게 와 주게. 자네에게 할 말이 있으니. 나 있는 곳은 편지를 전한 사람들이 안내할 걸세. 로젠크랜스와 길덴스턴은 영국으로 항해를 계속하는 중이라네. 이 두 사람에 대해서도 할 말이 많네.' (선원들에게) 자, 이 편지를 국왕께 전하도록 해 줄 테니 나를 따라오시오. 될 수 있는 대로 빨리 전하고 이 편지를 보낸 분에게로 나를 안내해 주시오. (모두 퇴장)

제7장 같은 장소

왕과 레어티스가 들어온다.
왕 - 이제는 내가 무죄라는 것을 알았지? 네 부친을 살해한 놈이 너의 목숨까지 노리고 있으니 조심해.
레어티스 - 예, 알겠습니다. 그런데 왜 처벌을 내리지 않았습니까? 살인은 큰 죄가 아닙니까?
왕 - 거기에는 나름대로 이유가 있지. 왕비는 햄릿을 보지 않고는 못 사는 사람이지. 그리고 나는 그런 왕비에게 폭 빠져 있는 사람이라 햄릿을 처벌하지 못했지. 또 하나의 이유는 백성들이 햄릿을 지지하고 있기 때문이지.
레어티스 - 나는 햄릿 때문에 아버지를 잃었고 누이동생은 미쳤습니다. 내 기어이 우리 가족의 원수를 갚겠습니다.

왕 - 나는 네 아버지를 사랑했다. (이 때 두 명의 사자가 두 통의 편지를 갖고 등장) 무슨 일이냐?

사자 - 예, 왕자님이 편지를 보냈습니다. 하나는 왕께, 하나는 왕비님께.

왕 - 햄릿이 편지를 보냈다고? 그래, 편지를 가지고 온 사람은?

사자 - 선원인데 직접 만난 것이 아니라 호레이쇼가 전해 왔습니다.

왕 - 레어티스, 읽을 테니 잘 들어 보아라. '내일 왕을 뵙기를 원합니다. 별안간 귀국하게 된 이유를 상세히 아뢰겠습니다.' 대체 이게 무슨 일이냐? 혼자서 귀국하다니. 무슨 영문인지…….

레어티스 - 잘 되었습니다. 그놈과 대결할 수 있으니 말입니다.

왕 - 어떻게 귀국했을까? 레어티스, 너는 나의 충고를 듣겠느냐?

레어티스 - 당연한 말씀.

왕 - 그래, 일이 착착 진행되는구나. 너는 재주가 많다지? 너의 재주는 햄릿도 알고 있다. 그런데 햄릿은 특히 너의 한 가지 재주를 아주 부러워하고 시기했지.

레어티스 - 재주라뇨?

왕 - 두 달 전에 노르망디에서 어떤 신사가 찾아왔었다. 나도 과거에 프랑스 사람들을 만나 보고 그들과 싸워도 보았지만 그 사람들의 실력은 정말 대단하지.

레어티스 - 노르망디 사람이라고요? 그렇다면 라몽드가 틀림없습니다. 그 사람은 프랑스의 자랑이지요.

왕 - 라몽드도 너의 재주를 인정하고 칭찬하더군. 특히 검술을 말야. 너는 세검에 있어 최고라고 하더군. 너의 상대가 되는 사람이 있다면 그 시합이야말로 가장 볼 만한 대결이라고 하더군. 이 말에 햄릿이 샘이 났는지 네가 귀국하면 맞서 보고 싶다고 말했었지. 햄릿은 귀국했다. 그래, 너는 어떻게 할 작정이냐?

레어티스 - 교회 안에서라도 그놈의 목을 베겠습니다.

왕 - 햄릿이 돌아오면 너의 귀국 사실을 알리고 네 재주를 칭찬하마. 그래서 햄릿이 질투하도록 하겠다. 그래서 결투를 해서 승부를 가리도록 하지. 햄릿은 조심성이 없고 너그러운 성격이라 술책을 전혀 모른다. 그러니 시합용 검을 조사해 보지도 않을 것이다. 그러니 손쉽게 독을 묻힌 칼로 네 아버지의 원수를 갚으란 말이다.

레어티스 - 그렇게 하겠습니다. 제가 칼끝에 독을 묻히죠.

왕 - 그 계획은 좀더 생각해 보자. 만약 실패해서 우리 계획이 탄로나면 큰일이니까. 그리고 실패를 대비해 제2의 수단을 강구해야 한다. 가만있자. 어떻게 하는 것이 좋을까? 그래, 서로 칼싸움을 하면 목이 마를 테지. 시합을 하고 잠시 쉬는 사이에 물을 먹겠지. 그 때 독을 탄 잔을 주는 거야. 햄릿이 용케도 자네의 칼끝을 비켜가더라도 그 물을 한 모금이라도 마시면 죽게 되는 거지. 그런데 이건 무슨 소리냐?

왕비가 울면서 들어온다.

왕비 - 레어티스, 네 동생이 물에 빠져 죽었다는구나.

레어티스 - 오, 불쌍한 내 동생, 오필리아! 저는 이만 물러가겠습니다. 불 같은 분노와 눈물 때문에 아무 말도 못하겠습니다. (퇴장)

제5막

제1장 묘지

두 명의 광대(무덤 파는 사람)가 무덤을 파기 시작한다.

광대 1 - 제멋대로 죽은 여자를 정식으로 매장해도 되는 걸까?

광대 2 - 된다고 했어. 그러니 어서 파기나 해. 이 시체가 귀족 집안의 아가씨가 아니라면 이렇게 정식으로 매장하지 못했을 걸세.

선원복 차림의 햄릿과 호레이쇼 등장.

광대 1 - (무덤을 파면서 노래한다.) '사랑과 연애, 젊은 시절은 참으로 즐거운 시절. 세월은 흘러가고 헛되더라, 세상만사.'

햄릿 - 이 사람은 무덤을 파면서 노래를 하는군.

호레이쇼 - 무덤 파는 일을 오래 하다 보니 이젠 아무렇지도 않은 모양인가 봅니다.

햄릿 - 너는 언제부터 무덤을 파는 일을 했느냐?

광대 1 - 햄릿 왕께서 포틴브라스를 정복하시던 날부터입니다. 그 날은 햄릿 왕자님이 태어난 날이죠. 영국으로 추방당한 햄릿 말입니다.

햄릿 - 왕자는 왜 영국으로 추방을 당했는가?

광대 1 - 그야, 미쳐서죠. 거기라면 제정신이 돌아올 겁니다.

햄릿 - 여기 와서 보니 사람은 죽어서 땅으로 돌아간다는 말이 옳군. 아무리 위대한 사람도 죽게 마련이고 죽으면 흙이 되는 거야. 쉿! 가만있자. 저기 왕과 신하들이 오는군.

장례식 행렬이 묘지까지 온다.

햄릿 - 대체 누구의 장례식일까? 의식도 간략하네. 아마도 죽은 사람은 자살을 한 모양이야. 그런데 신분은 상당했나 보군. 잠시 숨어서 보자. (두 사람 나무 뒤로 숨는다.)

레어티스 - 장례식은 이것으로 끝나는 거요?

햄릿 - (호레이쇼에게) 레어티스야. 참 훌륭한 청년이지.

사제 - 교회가 허락하는 내에서 장례식은 정중하게 해 드렸습니다.

자살은 이렇게까지 할 수는 없었지만 전하의 부탁으로 이만큼 해 드린 것입니다.

레어티스 - 그렇다면 이 이상은 안 된단 말이오?

사제 - 안 됩니다.

레어티스 - 좋다. 묻어라. 아름답고 순결한 오필리아의 무덤가에 오랑캐꽃이 피어나기를. (관을 무덤 속으로 내린다.)

햄릿 - 뭐? 아름다운 오필리아가 죽었단 말인가?

왕비 - (꽃을 뿌리며) 잘 가거라, 오필리아! 햄릿의 아내가 되기를 바랐건만…….

레어티스 - 아, 세 번의 재앙을 준 놈! 내가 반드시 삼십 배로 저주하리라. 그놈 때문에 오필리아가 미쳐서 물에 빠져 죽었구나. 잠깐 기다려라! 흙을 아직 끼얹지 말아라. 한번 더 안아 보련다. (무덤 속으로 들어간다.)

햄릿 - (앞으로 나오며) 대체 누구길래 이렇게도 요란스럽냐? 나는 덴마크의 왕자 햄릿이다.

레어티스 - (무덤에서 나와 햄릿을 잡고) 이놈, 지옥에 떨어질 놈!

햄릿 - 무슨 이유로 내게 욕을 하느냐? 내 목에서 손을 떼라.

왕 - 저 두 사람을 말려라.

왕비 - 햄릿! 햄릿!

호레이쇼 - 왕자님, 진정하십시오.

사람들이 두 사람을 말린다.

왕 - 레어티스, 저 아이는 미친 사람이다.

왕비 - 미쳐서 그러는 거라오. 마음속에 미친 마음이 들어가면 저 모양이 되지. 하지만 온순해지면 곧 침묵한다오.

햄릿 - 레어티스, 대체 왜 내게 이런 짓을 하는 거냐? (햄릿 퇴장)

왕 – 호레이쇼, 저 뒤를 따라가 보아라. (호레이쇼, 햄릿을 따라간다. 왕은 레어티스에게 방백) 참아라, 꾹 참아라. 간밤의 이야기를 설마 잊고 있는 것은 아니겠지? 곧 우리 계획을 착수하자.

제2장 궁성 안의 홀

햄릿과 호레이쇼가 이야기를 나누며 등장.

햄릿 – 여보게, 나는 괴롭다네. 밤마다 잠을 자지 못해. 영국으로 향하는 배 안에서 이상한 마음이 들더군. 그래서 선실에서 일어나 선원용 외투를 입고 어둠 속을 뒤졌다네. 꾸러미가 하나 보이더군. 그 꾸러미에는 국서가 있었다네. 그 국서를 뜯어 보았더니, 아, 여보게. 뭐라고 써 있는지 아는가? 내가 덴마크의 왕뿐 아니라 영국 왕의 생명까지 위협한다고 썼더군. 내가 미쳐서 도무지 분간을 할 줄 모른다며 나를 그대로 방치하면 안 된다고. 그러니 이 칙서를 읽는 즉시 나를 죽여야 한다고 썼더군. 그걸 읽고 나서 내가 어떻게 했는지 아는가? 칙서를 위조했지. 왕과 유사한 필적으로. 이 칙서를 읽고 난 즉시 이 칙서를 전달한 두 명을 사형에 처하라고 했지. 그것도 참회의 여유를 주지 말고 즉시 처치하라고.

호레이쇼 – 봉인은 어떻게 하셨습니까?

햄릿 – 마침 선왕의 옥새를 주머니 속에 가지고 있었어. 현왕의 옥새는 이걸 본떠서 만든 걸세. 그 다음 날 내가 탄 배는 해적과 싸웠고, 그 다음 상황은 자네도 이미 잘 알고 있지.

호레이쇼 – 그렇다면 길덴스턴과 로젠크랜스는 영영 이 세상을 하직한 모양이군요.

햄릿 – 그렇지. 아첨꾼들의 당연한 말로지.

호레이쇼 - 왕은 참으로 무서운 사람입니다.

햄릿 - 그러니 이렇게 물러설 수 없지. 자기 형인 왕을 살해하고 형수까지 부인으로 삼고, 그것도 모자라 왕위를 계승할 내 목숨마저 빼앗으려고 했으니……. 그놈은 내 손으로 처지해 버려야 해.

호레이쇼 - 그러나 영국 왕이 곧 전말을 보고할 텐데요.

햄릿 - 그럴 테지. 하지만 영국 왕에게 연락이 오는 동안 시간은 충분해. 어차피 인간이란 한번 죽는 것, 두렵지 않네. 그런데 레어티스에게는 미안한 마음이 드네. 나도 모르게 흥분해서 그랬지, 입장을 바꿔 생각해 보아도 그 사람의 비통한 심정을 알 수 있겠네.

호레이쇼 - 왕자님, 잠깜만요. 발소리가 납니다.

몸집이 작고 경박한 멋쟁이 귀족 오즈리크 등장.

오즈리크 - (모자를 벗고 허리를 숙여 절하고) 햄릿 왕자님의 귀국을 진심으로 환영합니다.

햄릿 - 고마운 말씀입니다.

오즈리크 - 왕자님, 전하의 분부를 전해 드릴까 합니다. 이번에 전하께서 왕자님을 위해 굉장한 내기를 거셨습니다. 레어티스가 귀국한 것은 알고 계시죠? 레어티스는 참으로 멋진 신사입니다. 출중한 재능이 많고 대인관계도 원만합니다. 또 풍채도 훌륭하지요.

햄릿 - 대관절 무슨 이유로 레어티스 이야기를 꺼냈소?

오즈리크 - 실은 제가 말씀 드리는 것은 레어티스의 무예 실력입니다. 하인들의 말에 의하면 레어티스는 천하무적이라고 합니다.

햄릿 - 그래, 레어티스는 어떤 검을 쓰나요?

오즈리크 - 장도와 단도 모두 쓴답니다. 전하께서는 말 여섯 마리를 걸어 레어티스와 내기를 하셨답니다. 레어티스는 프랑스제 장도와 단도 각각 여섯 자루, 혁대, 칼고리 등을 내기로 걸었답니다. 시합은 곧 시작됩니다. 왕자님께서 이 도전에 응해 주실는지요?

햄릿 – 전하의 처분대로 하지. 레어티스도 원하고 왕께서도 시합을 원하신다면 말이오.

오즈리크 – 그럼 가서 전하께 말씀 드리겠습니다. (정중히 절하고 가볍게 걸어 나간다.)

귀족 한 사람이 등장.

귀족 – 전하와 왕비님, 그리고 여러 신하들이 지금 오십니다.

햄릿 – 그래, 마침 잘 되었군요.

귀족 – 이번 시합 전에 레어티스와 꼭 화해를 하라는 왕비님의 분부가 계셨습니다.

호레이쇼 – 이번에는 승산이 없을 것 같습니다. 괜찮으시겠어요?

햄릿 – 걱정하지 말게.

호레이쇼 – 마음이 내키지 않으면 무리하지 마십시오. 제가 가서 시합을 다음으로 미루겠다고 하겠습니다.

햄릿 – 그럴 필요 없네. 올 것은 지금 오지 않아도 언젠가는 오게 마련이라네.

시종들 등장하여 의자, 방석 등을 갖다가 좌석을 마련한다. 이윽고 나팔수와 북치는 사람들 등장. 그 다음 왕과 왕비, 귀족들, 심판을 볼 오즈리크와 귀족 한 사람 등장. 이 두 심판관이 검과 단검을 탁자 위에 갖다 놓는다. 마지막으로 레어티스 등장.

왕 – 자, 햄릿. 이리 와서 악수해라.

햄릿 – 용서해 주게, 레어티스. 실례가 많았네. 자네도 알고 있겠지만 나는 심한 정신병에 걸렸다네. 내 난폭한 행동은 사실 내가 한 것이 아니라네. 미친 기운이 내 안에 들어와 한 짓일세. 이 미친 기운은 나 자신의 적이기도 하지. 내 무례가 고의가 아니었음을 알아 주기 바라네.

레어티스 – 자식된 도리로 왕자님께 분함을 가진 것은 당연합니다. 하지만 이제 왕자님의 말씀을 들으니 마음이 풀립니다. 그러나 이대로 물러서는 것은 체면이 깎이는 일입니다. 정정당당하게 시합하기를 원합니다.

햄릿 – 좋네. 그렇다면 시합을 해 보세. ……자, 검을 다오.

레어티스 – 자, 나도 검을 다오.

햄릿 – 자네는 돋보이는 검술을 보일 걸세. 미숙한 나에 비해 자네는 멋진 솜씨를 가졌지. 아마도 자네 솜씨가 이번 시합에서 최대한으로 발휘되겠지.

레어티스 – 그렇게 놀리지 마십시오.

왕 – 오즈리크, 두 사람에게 검을! (오즈리크가 칼 네댓 자루를 들고 앞으로 나온다. 레어티스가 그 중의 하나를 받아들고 찔러 본다.)

레어티스 – 이 검은 좀 무겁군. 다른 것을 보여 다오. (탁자로 가서 뾰족하고 독을 바른 칼을 집어든다.)

햄릿 – (오즈리크에게서 검을 받아들고) 나는 이 검이 마음에 드는군.

심판관과 사람들이 시합 준비를 하고 햄릿도 준비한다. 다른 시종들이 포도주를 담은 병과 잔을 가지고 온다.

왕 – 포도주 잔을 탁자 위에 놓아라. 햄릿이 한 점을 획득하거나 비기면 일제히 축포를 터뜨려라. 그 때 짐은 햄릿을 위해 축배를 들고 잔에는 진주알을 넣겠다. 자, 시작!

햄릿과 레어티스가 검으로 시합을 한다. 1회전이 끝나고 2회전이 시작된다.

왕 – 잠깐 기다려! 술을 부어라, 햄릿. 이 진주는 너의 것이다. 너를 위해 축배를 들겠다. (잔을 들어 마시고 그 속에다 진주를 넣는 척한다.) 자, 햄릿에게 이 잔을.

햄릿 – 먼저 승부부터 내겠습니다. 잔은 잠시 거기 두십시오. 레어티스. 자, 한 대 받아라. 어떤가?

왕 – 햄릿이 이길 것 같군.

왕비 – 땀을 많이 흘리는군요. 햄릿, 이 수건으로 이마를 닦아라. (수건을 햄릿에게 주고 탁자로 가서 햄릿의 술잔을 든다.) 햄릿, 네 승리를 위해 내가 축배를 들겠다.

왕 – 왕비, 그건 마시면 안 되오.

왕비 – 왜요? 햄릿의 잔이라서요? 용서하세요, 마시겠어요.(약간 마시고 잔을 햄릿에게 준다.)

왕 – (방백) 이런……. 그건 독을 넣은 술인데.

햄릿 – 어머니, 잠시 후에 마시겠어요.

왕비 – 자, 이 수건으로 네 얼굴을 닦아 주마. (땀을 닦아 준다.)

레어티스 – (햄릿에게 칼을 대며) 이번에 꼭 한 대 먹이렵니다. (방백) 양심에 찔리는군.

3회전이 시작된다.

오즈리크 – 무승부! (두 사람 떨어진다.)

레어티스 – (느닷없이) 자, 한 대! (햄릿이 옆을 보는 틈을 노려 상처를 입힌다. 레어티스의 비겁한 행동에 화가 난 햄릿이 레어티스와 격투한다. 두 사람 다 칼을 놓치고 우연히 서로 칼을 바꿔 쥔다.)

왕 – 말려라. 두 사람 모두 흥분하고 있다.

햄릿 – 자, 다시!

왕비가 쓰러진다.

오즈리크 – 왕비님이!

햄릿이 레어티스를 깊이 찌른다.

호레이쇼 – 두 사람 모두 피를! 아니, 이게 웬일입니까? 왕자님.

오즈리크 – (레어티스를 안으며) 이게 어떻게 된 일이오? 레어티스.

레어티스 – 오즈리크, 내가 내 덫에 걸렸어. 바로 내 술책에 내가 넘어가 죽게 되었어.

햄릿 – 왕비는 어떻게 된 것입니까?

왕 – 너희가 흘린 피를 보고 기절했다.

왕비 – 아니다, 아니다. 햄릿, 저 술, 저 술에 독이! (쓰러진다.)

햄릿 – 음모다. 문을 잠가라. 범인을 잡아 내라!

레어티스 – 범인은 여기 있습니다. 왕자님, 왕자님도 목숨을 잃게 됩니다. 어떤 약도 소용이 없습니다. 흉기는 왕자님 손에 있습니다. 칼 끝에 독약이 발려 있습니다. 그 결과 나도 죽습니다. 왕비는 독살을 ……. 그 일은 바로 왕, 왕입니다…….

햄릿 – 칼끝에 독을! 그렇다면 이놈, 네놈도 독약 맛을 보아라. (왕을 찌른다.)

모두 – 반역이다, 반역이다!

햄릿 – 이놈, 이 독약을 마셔라. 형을 죽이고 형수를 빼앗은 놈! (억지로 독이 든 술을 먹인다.) 어때? 진주알은 들어 있느냐? 내 어머니 뒤를 따라가라. (왕, 숨이 끊어진다.)

레어티스 – 자기 손으로 만든 독주, 천벌을 받았습니다. 우리 서로 죄를 용서합시다. (숨이 끊어진다.)

햄릿 – 하느님이 자네를 용서하기를! 나도 자네 뒤를 따라가네. (쓰러진다.) 호레이쇼, 나는 죽네. 가엾은 우리 어머니. 안녕히! 자네는 살아서 지금까지의 일을 사람들에게 말해 주게.

호레이쇼 – 살아 있으라고요? 저도 용기 있게 죽겠습니다. 여기 독주가 남아 있군요. (잔을 든다.)

햄릿 - 대장부라면 그 잔을 이리 주게. 자, 손을 놔. 제발 나에게 달라니까. (호레이쇼의 손을 쳐서 잔을 떨어뜨린다.) 자네마저 죽는다면 사건의 전말을 누가 전해 줄 것인가? 자네가 나를 소중히 여긴다면 이 험한 세상에 살아남아서 내 이야기를 전해 주게……. (멀리서 진군하는 소리 들리고 대포 소리 들린다.) 저 소리는 무언가?

오즈리크 - 노르웨이의 왕자 포틴브라스 군대가 지금 폴란드를 이기고 개선하고 있습니다. 마침 영국 사절을 만나 저렇게 대포를 쏘고 있습니다.

햄릿 - 호레이쇼, 나는 이제 죽네. 영국에서 오는 소식은 듣지 못할 것 같군. 덴마크의 왕통을 계승할 사람은 포틴브라스밖에 없네. 죽음에 임하여 내 다음 왕으로 그를 추천하네. 포틴브라스에게 전해 주게. 그리고 지금까지의 모든 일도. 이제 나는 떠나네. 그리고 영원히 침묵하겠네. (숨을 거둔다.)

노르웨이의 왕자 포틴브라스, 영국 사절 등장.

포틴브라스 - 아니, 이 참혹한 현장은?

사절 1 - 차마 눈뜨고 볼 수 없는 모습입니다. 영국에서 가져온 보고는 너무 늦었군. 들으실 분은 이미 세상을 떠났으니. 길덴스턴과 로젠크랜스 두 사람을 사형에 처했는데 누구한테 치하를 받아야 할지…….

호레이쇼 - 왕한테는 치하를 받지 못합니다. 살아 있다고 하더라도 두 사람의 사형을 왕이 명령하지 않았으니까요. 그러나 이 참극에 때를 맞추어 영국과 폴란드에서 이 곳에 도착하셨으니 이 시체들을 사람들이 볼 수 있는 높은 단에 모시도록 명령해 주십시오. 그리고 제가 지금까지의 사건들을 설명할 수 있도록 해 주십시오.

포틴브라스 - 어서 들어 봅시다. 햄릿 왕자님은 세상에서 드문 현명

하고 자애로운 왕이 되셨을 텐데. 자, 그 분의 죽음을 애도하는 군악
과 대포를! 누가 가서 병사들에게 죽음을 애도하는 대포를 쏘게 하라.
병사들이 시체들을 들어 퇴장. 그 동안 장송곡이 흐르고 대포 소리
울린다.

리어 왕

제1막

제1장 리어 왕의 왕궁, 알현실

켄트 백작, 글로스터 백작. 그의 서자 에드먼드 등장.

켄트 – 국왕은 콘월 공작보다 올버니 공작을 더 총애하시는 것 같군요.

글로스터 – 그런 것 같습니다. 하지만 영토 분배는 거의 똑같게 하셨습니다.

켄트 – 저 사람이 댁의 아드님인가요?

글로스터 – 서자입니다. 에드먼드, 너 이 어른을 뵌 적이 있느냐?

에드먼드 – 아뇨, 없습니다.

글로스터 – 켄트 백작이시다. 내가 존경하는 친구분이니 앞으로 잘 모셔라.

에드먼드 – 인사 드립니다.

나팔 소리 나고 리어 왕, 콘월, 올버니, 거너릴, 리건, 코델리아, 시종들 등장.

리어 왕 – 글로스터, 프랑스 왕과 버간디 공작이시오. 이 분들을 잘 접대하시오.

글로스터 - 예, 분부대로 하겠습니다. (글로스터와 에드먼드 퇴장)

리어 왕 - 지금 내 가슴속에 있는 생각을 말하겠다. 지도를 다오. 나는 내 왕국을 셋으로 나누었다. 이제 모든 국사의 문제를 내 어깨에서 내려놓아 젊은 사람들에게 넘기겠다. 사위 콘월 공과 올버니 공에게 말하겠다. 짐은 자네 아내, 즉 내 딸들의 지참금을 발표할 것이다. 프랑스 왕과 버간디 공작은 짐의 막내딸의 사랑을 차지하려고 했다. 오늘 누가 짐의 막내딸을 아내로 맞이하게 될지 알게 될 것이다. 자, 딸들아. 이제 나는 국가의 통치권과 영토 소유권 등을 모두 벗어 버릴 것이다. 너희들은 나를 얼마나 사랑하는지 말해 봐라. 나를 제일 사랑하고 효성이 지극한 자에게 제일 큰 몫을 주겠다. 거너릴, 맏딸이니 너부터 말해 봐라.

거너릴 - 저는 말로 표현하지 못할 만큼 아버님을 사랑합니다. 아버지는 넓은 토지보다 소중하고, 그 어떤 값진 것보다 소중하십니다. 숨이 차고 말이 막힐 정도로 아버지를 사랑합니다. 무엇과도 비교할 수 없는 애정으로 아버지를 사랑합니다.

리어 왕 - (지도를 가리키며) 여기부터 여기까지를 너의 영토로 하겠다. 이것은 영원히 너와 올버니 자손의 것이다. 다음은 둘째 딸 리건, 콘월의 아내가 말해 봐라.

리건 - 저도 언니와 같은 심정입니다. 그러니 그 가치도 동등하지요. 다소 보충한다면 저는 어떤 고귀한 덕도 효성보다는 크지 않다고 생각합니다. 소중한 아버지에 대한 사랑만이 유일한 행복입니다.

리어 왕 - 나의 국토의 3분의 1이 너와 네 자손의 것이다. 다음은 나의 기쁨인 코델리아, 막내지만 너에 대한 내 사랑은 결코 적지 않다. 맛좋은 포도의 나라 프랑스 왕과 드넓은 목장의 주인 버간디 공작이 너를 아내로 맞으려고 지금 경쟁 중이다. 너는 어떻게 나에 대한 사랑을 표현하겠느냐?

코델리아 – 아무 할 말이 없습니다. 불행하게도 저는 제 심중을 말할 수 없습니다. 저는 아버님을 자식의 의무로 사랑합니다. 그 이상도 그 이하도 아닙니다.

리어 왕 – 뭐라고? 말을 다시 해 보아라. 지금 네가 하는 말은 네 재산을 깎아먹는 말이다.

코델리아 – 아버님, 아버님은 저를 낳아 주시고 사랑해 주셨습니다. 저는 그 은혜에 대한 보답으로 당연히 자식으로서 할 의무를 다했습니다. 아버님을 사랑하고 누구보다 공경합니다. 언니들은 오직 아버님만을 사랑한다고 말하면서 왜 결혼했을까요?

리어 왕 – 그게 너의 본심이냐?

코델리아 – 예, 본심입니다.

리어 왕 – 젊은 것이 저렇게 고집이 세다니. 나는 아버지로서 너와의 애정도, 핏줄도 모두 부정하고 너와의 인연을 끊겠다.

켄트 – 폐하…….

리어 왕 – 듣기 싫다, 켄트! 나를 화나게 하지 말라. (코델리아에게) 나가라, 보기 싫다. 너와의 인연을 끊는만큼 이제 나의 안식처는 무덤뿐! 프랑스 왕과 버간디 공작을 불러라. 콘월과 올버니는 내가 두 딸에게 준 재산 외에 셋째에게 주려던 재산을 나눠 가져라. 나는 나의 권리와 왕위에 따르는 여러 가지 것을 양도하겠다. 나는 백 명의 기사들을 거느리고 한 달씩 돌아가며 너희들 집에서 살겠다. 나는 오직 왕이라는 명예만 있을 뿐 국가의 통치나 수입은 두 사위들에게 맡기겠다.

켄트 – 폐하, 왜 그러십니까? 왕권을 그대로 보존하십시오. 지금의 경솔한 행동을 취소해 주십시오. 제 판단이 틀렸다면 목숨을 내놓겠습니다. 막내따님은 절대 효심이 뒤떨어지지 않습니다.

리어 왕 – 목숨이 아깝거든 조용히 해라. 물러가라! 보기 싫다.

켄트 – 왕이시여, 이번 일은 취소해 주십시오.

리어 왕 – 시끄럽다. 물러가란 말이다. (칼에 손을 댄다.)

올버니, 콘월 – 참으십시오, 전하.

리어 왕 – 켄트, 어서 이 나라를 떠나라. 내 눈에 보이면 가만두지 않으리라. 발견 즉시 사형이다.

켄트 – 그럼 안녕히 계십시오. (코델리아에게) 하느님이시여, 공주님을 보호해 주시옵소서. 공주님의 마음은 진실합니다. (리건과 거너릴에게) 두 분은 전하를 지극히 모셔 주시기 바랍니다. (퇴장)

우렁찬 나팔 소리. 글로스터, 프랑스 왕과 버간디 공작을 안내하여 등장.

글로스터 – 프랑스 왕과 버간디 공작을 모셔왔습니다.

리어 왕 – 자네들은 짐의 막내딸을 두고 경쟁하는데……. 버간디 공작, 내 막내딸은 이제 가치가 떨어졌소. 나는 저 아이에게 어떤 것도 주지 않겠다고 했소. 나와는 이제 아버지와 딸의 인연도 끊었는데, 그래도 아내로 맞겠소?

버간디 – 죄송합니다. 그런 조건으로는 결혼 할 수 없습니다.

리어 왕 – 그럼 포기하시오. 저 애의 재산은 없소. 더 훌륭한 여자에게 사랑을 주시오.

프랑스 왕 – 참으로 이해할 수 없습니다. 얼마 전까지 지극히 사랑하시던 딸이 아니었습니까? 무슨 잘못을 저질렀기에 하루아침에 이렇게 버리시나이까?

코델리아 – (리어 왕에게) 제가 아버지의 사랑을 잃은 것은 아첨하는 혀가 없어서입니다. 그것 때문에 아버님의 노여움을 샀습니다.

리어 왕 – 넌 차라리 태어나지 않았어야 했어. 아비의 마음을 거슬리는 딸이라면 말이다.

프랑스 왕 – 그런 이유로 딸을 버리셨습니까? 저는 공주님과 결혼을 하겠습니다. 공주님의 인품 자체가 가장 좋은 지참금입니다.

코델리아 – 버간디 공작! 재산을 노리는 결혼이라면 나도 당신을 거절하겠어요.

프랑스 왕 – 아름다운 코델리아 공주, 당신은 아무것도 가진 것이 없지만 가장 부유한 사람이라오. 버림받았지만 가장 소중한 사람이오. 폐하, 따님을 저의 아내로 삼겠습니다. 우리 국민의 왕후, 프랑스의 왕비로 삼겠습니다. 코델리아 공주, 어서 작별 인사를 하시오.

리어 왕 – 어서 데리고 가시오. 나에게 저런 딸은 없소. 두 번 다시 얼굴을 보고 싶지도 않소. 우린 들어갑시다.

나팔 소리. 리어 왕, 버간디 공작, 콘월, 올버니, 글로스터, 그밖의 시종들 퇴장.

프랑스 왕 – 언니들에게 작별 인사를 하시오.

코델리아 – 언니, 안녕히. 부탁이니 아버님을 잘 모시세요. 말한 대로 아버님께 효도하세요.

거너릴 – 얘야, 그런 걸 네가 우리에게 말할 필요는 없어. 그것보다 네 남편의 비위나 잘 맞춰라.

프랑스 왕 – 갑시다. 코델리아 공주! (프랑스 왕과 코델리아 퇴장)

거너릴 – 리건, 우리 일을 의논하자구. 아버님이 오늘 밤에 떠나실 것 같구나.

리건 – 이번 달은 언니네 집으로, 그 다음 달에는 우리 집으로?

거너릴 – 아버님은 늙으셔서 망령이 심하셔. 지금까지 막내를 제일 예뻐하셨는데 터무니없이 내쫓아 버리시니.

리건 - 망령이 나신 거지요.

거너릴 - 건강하실 때도 성미가 급하셨는데, 이젠 더욱 성미를 부리시네. 꼼짝없이 우리가 아버지의 망령을 당하는 수밖에 없구나.

리건 - 어쩌면 우리도 켄트처럼 추방을 당하거나 언제 화를 당할지 몰라요.

거너릴 - 그 일을 대비하자. (두 사람 퇴장)

제2장 글로스터 백작의 저택

에드먼드, 한 통의 편지를 들고 등장.

에드먼드 - 왜 나는 재산 상속권을 박탈당해야 하는가? 왜 무시를 당해야 한단 말이야. 첩의 자식이란 이유로 왜 서자라는 낙인을 찍는가? 나는 이 일을 참을 수 없다. 적자인 형 에드거의 재산을 내가 차지해야겠다. 만일 이 편지대로 일이 성공만 하면……. 나는 앞으로 성공하고 출세할 거야. 아, 신이여! 이 서자의 편을 들어주소서.

글로스터 등장.

글로스터 - 켄트는 추방당하고, 프랑스 왕은 화가 나서 가 버리고. 폐하께서는 어젯밤에 왕권을 포기하시고 떠나셔서 생활비만 받으시고……. 일이 이렇게 돌아가다니. 에드먼드, 웬일이냐? 무슨 소식이라도?

에드먼드 - (편지를 감추며) 아무것도 아닙니다.

글로스터 - 그런데 왜 그렇게 놀라며 주머니 속에 무얼 쑤셔넣느냐? 아무것도 아니면 감출 필요가 없지 않니? 자, 어디 좀 보자.

에드먼드 - 아버님, 용서해 주십시오. 형님이 보낸 편지입니다. 아버지께서 보시면 곤란합니다.

글로스터 - 어서 그 편지를 이리 내놔라.

에드먼드 - 내용이 좋지 않습니다. 아마 이것은 형이 동생인 저의 효심을 시험하려고 일부러 쓴 것 같습니다.

글로스터 - (편지를 읽는다.) '노인을 공경하는 도덕 때문에 인생을 즐길 수도 없는 청춘, 상속받은 재산도 쓰지 못한 채 늙어서 참맛을 즐길 수 없다. 노인들이 우리를 지배하는 것은 실력 때문이 아니라 우리가 참고 있기 때문이다. 이 일에 대해 의논해야겠으니 내게 와 다오. 만약 내가 아버지를 영원히 잠들게 한다면 아버지 수입의 절반은 영원히 너의 몫이 될 것이다.' 오, 이런! 내 아들이 이런 음모를 꾸미다니. 이 편지는 누가 가져왔느냐?

에드먼드 - 제 창문 안으로 누군가가 던져 놓고 갔습니다.

글로스터 - 이 글씨는 분명히 네 형의 것이다. 혹시 그놈이 이 문제에 관해 전에도 네 마음을 떠본 적이 있느냐?

에드먼드 - 그런 일은 없었습니다. 그러나 이따금 이렇게 말했습니다. 자식이 성장하면 늙은 부모는 자식의 보호를 받고 아버지의 수입은 아들이 관리하는 것이 당연하다고.

글로스터 - 이 나쁜 놈! 짐승보다 못한 그놈은 지금 어디에 있느냐?

에드먼드 - 잘 모르겠습니다. 잠시 노여움을 거두고 더 확실한 증거를 잡을 때까지 형님의 마음을 살피시는 게 어떨까요? 혹시 형님이 저의 효심을 시험하려고 이런 편지를 썼을지도 모릅니다. 아버님께서 허락만 하신다면 형님과 제가 이 일에 대해 의논하는 것을 엿들을 수 있는 자리를 마련하겠습니다.

글로스터 - 좋다. 그놈을 찾아서 어떻게든 그놈의 생각을 끄집어 내봐. 최근에 있던 일식과 월식은 불길한 징조다. 과학자들은 자연법칙이라고 두려워하지 말라고 하지만 기품 있고 충실한 켄트가 추방당했다. 이것도 다 일식과 월식 때문이다. 켄트는 단지 정직하다는 죄밖에 없다. 참 알 수 없는 일이다. (글로스터 퇴장)

에드먼드 – 참 우습군. 운이 좋지 않으면 태양과 달에게 원인을 돌리니 말이야. 아니, 에드거 형이……

에드거 등장.

에드거 – 왜 그러니, 에드먼드? 뭘 그렇게 골똘히 생각하니?

에드먼드 – 요즘 있던 일식과 월식 뒤에 무슨 일이 일어날까 생각했습니다. 사실 그 일이 있고 나서부터 불행이 생기고 있습니다. 그런데 형님, 언제 아버님을 뵈었습니까?

에드거 – 간밤에.

에드먼드 – 같이 이야기하셨나요? 기분 좋게 작별하셨습니까? 아버님 안색이 어둡지 않으셨습니까?

에드거 – 전혀.

에드먼드 – 혹시 아버님의 비위를 상하게 하신 것은 없습니까? 잘 생각해 보세요. 아무튼 부탁입니다. 아버지의 화가 풀릴 때까지 잠시 아버님을 피하십시오. 대단히 화가 나셨습니다. 아마도 형님을 죽일 지도 모릅니다.

에드거 – 어떤 놈이 나를 모략했구나.

에드먼드 – 저도 그렇게 생각하고 있습니다. 그러니 아버님의 화가 가라앉을 때까지 꾹 참고 계십시오. 우선 제 방에 가 계십시오. 형님을 위해 충고하는 것입니다.

에드거 – 대체 무슨 일이 있었는지 사정을 말해 보아라.

에드먼드 – 이번 일에 제가 힘이 되어 드리겠습니다. (에드거 퇴장) …… 하하하. 아버님은 쉽게 남의 말을 믿고 형은 마음이 착해 의심도 하지 않지. 그 점을 이용해서 내 계획을 착착 진행시키자.

제3장 올버니 공작 저택의 어느 방

거너릴과 그의 집사 오즈왈드 등장.

거너릴 – 아버지의 광대를 야단쳤다고 아버지가 우리 집사를 때렸다는 거냐?

오즈왈드 – 예, 그렇습니다.

거너릴 – 밤낮으로 내 속만 썩이시는구나. 이제는 참을 수 없어. 아버님의 기사들은 난폭하고 아버지는 사소한 일로도 야단만 치시니……. 사냥터에서 돌아오셔도 인사하지 않을 테야. 나는 몸이 아프다고 해. 너도 이제부터 소홀하게 해 드려.

오즈왈드 – 전하께서 돌아오시는 모양입니다.

거너릴 – 전하께 아는 체하지 말아라. 우리 집이 싫으면 동생에게 가면 되잖아. 망령난 노인네! 정말 늙으면 어린애가 된다니까. 동생한테 편지해서 이 일을 알려 줘야지. 동생보고도 아버지께 잘해 주지 말라고 해야겠어.

제4장 올버니의 저택

변장을 한 켄트 등장.

켄트 – 이렇게 변장을 하면 날 아무도 알아보지 못할 거야. 날 추방한 폐하지만 그 분에게 봉사할 수만 있다면 더 이상 바랄 게 없지.

리어 왕이 기사와 시종들을 거느리고 등장.

리어 왕 – 음, 배가 고프다. 식사를 해야겠다. 서둘러 준비하라. …… 그런데 너는 누구냐?

켄트 – 저를 믿는 분께는 진심으로 봉사하고, 정직한 분께는 정의를 다하며, 하느님의 심판을 두려워하는 사람입니다. 그리고 순수한 잉글랜드 인입니다. 정직하지만 왕 같이 가난한 사람입니다.

리어 왕 – 나는 왕이지만 가난하지. 딸들에게 모든 것을 넘겨 주었으니 말야. 그래, 너의 소원이 무엇이냐?

켄트 – 당신 곁에서 당신을 섬기고 싶습니다.

리어 왕 – 나를 아느냐?

켄트 – 모르지만 당신 얼굴에는 어딘지 주인다운 모습이 있습니다. 위엄이 느껴집니다. 저는 비밀을 굳게 지키고 말을 잘 타고 달리기도 잘합니다. 또 부지런합니다.

리어 왕 – 그래, 너를 나의 부하로 삼겠다. 여봐라! 식사를 가져와. 내 시종은 어디 갔냐? 내 광대는? 너 가서 광대를 좀 불러오너라. (시종 퇴장하고 오즈왈드 등장) 여봐라, 내 딸은 어디 있느냐?

오즈왈드 – 죄송합니다만 공작 부인께서는 편찮으십니다.

리어 왕 – 내가 왔으면 인사하러 나와야지.

기사 – 폐하, 사정을 잘 모르겠지만 대접이 예전과 다릅니다.

리어 왕 – 너도 그렇게 생각하는구나. 나는 내게 불친절하다고 생각하기보다는 내가 너무 의심이 많고 까다롭기 때문에 그렇다고 생각했는데 그게 아니었구나. 그런데 나의 광대는 어디에 있느냐? 이틀 동안이나 보지 못했다.

기사 – 막내따님이 프랑스로 가신 후로 몹시 풀이 죽어 있습니다.

리어 왕 – 그랬구나. 내 딸한테 내가 할 이야기가 있다고 전하라. (기사 퇴장) 너는 가서 광대를 불러오너라.

오즈왈드 등장.

리어 왕 – 너는 나를 대체 누구로 아느냐?

오즈왈드 – 주인 아씨의 아버지입니다.

리어 왕 - 주인 아씨의 아버지라고? 이런 종놈이……. 이 개 같은 놈! 어디서 나를 노려봐! (오즈왈드를 때린다.)

오즈왈드 - 왜 때려요? (리어 왕에게 덤벼들려고 할 때 켄트가 뛰어와서 다리를 건다.)

켄트 - 이 무례한 놈! 전하를 무시하다니! 자, 일어나서 꺼져 버려라. 나가라! (오즈왈드 화를 내며 퇴장)

리어 왕 - 고맙다.

광대 등장.

리어 왕 - 네놈은 왜 이제 나타난 거야?

광대 - 제가 재미있는 교훈을 가르쳐 드릴까요? 겉치레보다 속을 채우고, 알고 있어도 말을 삼가고, 가진 것보다 많이 빌려주지 말고, 걷기보다는 말을 타고, 들은 것을 다 믿지 말고, 술과 여자를 멀리하면 돈을 많이 모은다.

켄트 - 쓸데없는 소리구나, 광대야.

거너릴 등장.

리어 왕 - 애야, 왜 얼굴을 찌푸리고 나오느냐?

광대 - 당신도 좋은 시절이 있었는데 이제 영 맛이 갔군. 전하, 내가 당신보다 눈이 낫지. (리어 왕을 가르키며) 당신은 이제 알맹이를 뺀 깍지야.

거너릴 - 이 광대뿐 아니라 아버지께서 데리고 계신 기사들도 내게 트집을 잡기 일쑤죠. 나는 더 이상 이 난폭한 짓을 참을 수 없어요. 아버지의 말씀이나 행동은 이상한 점이 많습니다. 혹시 기사들이 시비를 걸고 트집을 잡는 것은 아버지가 시키시는 게 아닙니까? 그렇다면 가만히 있지 않겠습니다. 또 저희들도 그냥 지나칠 수 없고요. 국가의 안녕을 위해서라도 말입니다.

광대 – 전하, 이런 말이 있지요. 울타리 참새가 뻐꾸기를 오랫동안 길러 주었더니 뻐꾸기에게 참새가 먹힌다는. 지금 전하가 딱 그런 꼴이네요.

리어 왕 – 네가 내 딸이 맞느냐?

거너릴 – 제발 망령 좀 부리지 마세요.

리어 왕 – 이런, 이런. 지금의 나는 리어가 아니야. 리어가 분별력을 잃다니……. 내가 누군지 아는 사람, 누구 좀 말해 주게.

광대 – 리어의 그림자죠. 지금 당신의 딸은 전하를 힘 없는 늙은이로 만들려고 합니다.

거너릴 – 아버지가 거느리는 기사와 시종은 정말 난폭한 사람들이에요. 그들 때문에 우리 집은 시끌벅적한 여인숙이 되었어요. 시종들의 숫자를 좀 줄여 주세요. 만약 안 들어주시면 저희가 알아서 처리하겠어요. 똑똑하고 괜찮은 시종만 남기고 다 해고하겠어요.

리어 왕 – 이런 괘씸한! 못된 계집애. 네 신세는 안 지겠다. 나는 또 다른 딸이 있어.

거너릴 – 아버지는 저의 부하들을 때리고, 아버지의 시종들이 우리를 아랫사람 부리듯 하니까 그렇지요.

올버니 등장.

리어 왕 – (올버니를 보고) 아, 사위. 이것은 너의 뜻이냐? 어서 말을 해 보아라. 은혜를 배신하는 놈!

올버니 – 제발 참으십시오. 무슨 일로 이렇게 역정을 내십니까?

리어 왕 – 하늘이여, 만일 제 딸에게서 자식을 낳게 하실 계획이시라면 그 계획을 거두십시오. 내 딸아이가 자식을 낳지 못하게 하소서. 혹시 아이를 낳는다면 가증스런 자식을 낳게 하시고, 그 자식이 성장해서 그 어미를 배신하게 하소서. 그리하여 은혜를 모르는 자식은 독

사의 이빨보다 무섭다는 것을 알게 해 주소서. 비켜라! 난 가겠다. (리어 왕 퇴장)

올버니 - 대체 무슨 일이오?

거너릴 - 당신은 알 필요 없어요. 아버지 마음대로 하시라고 놔두세요. 망령을 부리시는 거예요. (리어 왕 다시 미친 모습으로 등장)

리어 왕 - 뭐? 내 시종을 단번에 오십 명이나 줄인다고?

올버니 - 전하, 대체 어떻게 된 일입니까?

리어 왕 - (거너릴을 보며) 이 나쁜 년! 너말고도 난 또 자식이 있다. 그애는 틀림없이 날 위로해 줄 거다. (리어 왕 퇴장)

거너릴 - 지금 보셨지요? 아버지의 모습을.

올버니 - 당신은 내 소중한 아내지만 당신 말만 들을 순 없지.

거너릴 - 당신은 좀 가만히 계세요. (광대에게) 애, 뭐하니? 너의 주인이 나가셨다. 어서 따라 나가라.

광대 - 리어 아저씨, 같이 가요. 저를 데리고 가요. (광대 퇴장)

거너릴 - 아버님한테는 좋은 충고를 한 거예요. 기사를 백 명이나 두다니. 기사를 두시고 그것을 방패삼아 망령을 부리시는 거라고요. 혹시 모를 사고를 대비해야 해요. 아버지가 우리 집에서 하신 일을 동생에게 알려 주어야겠어요. 동생도 아버지와 백 명의 기사를 먹이려면 힘들 거라구요. (오즈왈드 등장) 오즈왈드, 어떻게 됐니. 내 동생한테 보낼 편지는?

오즈왈드 - 네, 여기 있습니다.

거너릴 - 어서 말을 타고 가서 편지를 전해 주고 오너라. (오즈왈드 퇴장) 당신이 아버지께 잘해 드리는 것을 나쁘다고 말할 수는 없지만 분별 있게 행동하세요.

올버니 - 당신의 생각이 어디까지가 맞는지 모르겠군. 좋소, 결과를

한번 지켜봅시다. (두 사람 퇴장)

제5장 같은 저택의 앞뜰

리어 왕, 켄트, 광대 등장.
리어 왕 – 너는 이 편지를 가지고 콘월 공작에게 가라. 딸이 편지를
읽고 나서 묻는 말 외에는 답을 하지 말아라.
켄트 – 예, 전하.
광대 – 다른 따님도 아마 거너릴과 같을걸요.
리어 왕 – 그렇게 내가 잘해 주었는데……. 못된 것!

제2막

제1장 글로스터 백작의 저택

에드먼드와 큐어런 좌우에서 등장.
에드먼드 – 안녕하시오, 큐어런.
큐어런 – 안녕하시오. 조금 전에 글로스터 백작을 뵙고 오늘 밤 콘월
공작 부부가 이 곳으로 오신다는 소식을 전했습니다.
에드먼드 – 무슨 일로요?
큐어런 – 잘 모르겠습니다. 그런데 소문은 들으셨나요? 전쟁이 일어
날지도 모른다는 소문 말이에요. 콘월 공작과 올버니 공작 사이에 말
입니다. 그럼, 전 이만. 안녕히 계십시오. (큐어런 퇴장)
에드먼드 – 공작이 오늘 밤 이 곳에 오신다고? 잘됐군. 내게 유리하
게 돌아가는군. 아버님은 형을 잡으려고 망을 보는 사람을 세워 놓으

셨어. (2층을 향해 큰 소리로) 형님! 잠깐만 내려오세요.

에드거 등장.

에드먼드 – 형님, 자 빨리 도망치세요. 아버님이 형님이 여기 숨어 있는 것을 알았어요. 형님은 혹시 콘월 공작을 흉보셨나요? 공작이 오늘 우리 집에 오신답니다. 부인도 같이. 아니면 콘월 공작의 편을 들어 올버니 공작 흉을 본 적은 없나요? 생각해 보세요.

에드거 – 전혀 그런 일을 한 적이 없어.

에드먼드 – 아버님이 오시나 봅니다. 용서하세요. 형님께 칼을 빼들 겠어요. 형님도 칼로 방어하는 척하세요. 용감하게 싸우는 척하자고요. (큰 소리로) 항복해! 아버님 앞에 나와! (작은 소리로) 형님, 어서 도망치세요, 어서. (에드거 퇴장). 자, 그럼. 나는 이렇게 상처를 내야지. (칼로 자기 팔에 상처를 낸다.) 이래야 아버지는 내가 용감하게 싸운 줄로 아시지.

글로스터 – 애, 에드먼드. 형은 어디 있느냐?

에드먼드 – 아버지, 피가 납니다. 형님은 아무리 일러도 소용이 없었습니다.

글로스터 – 이봐! 쫓아가. 놓치면 안 돼. (하인들 달려나간다.) 아무리 일러도 소용이 없었느냐?

에드먼드 – 예. 아버님을 살해해서는 안 된다고 했지만……. 오히려 내가 형의 계획을 반대하는 것을 알고 갑자기 나에게 달려와서 제 팔을 찔렀습니다.

글로스터 – 멀리 도망치지 못했을 거다. 오늘 밤에는 나의 은인인 공작님이 오신다. 그분의 권위로 이 악한을 잡아오는 자는 상금을 주고, 숨겨 주는 자는 사형에 처한다는 포고를 내릴 것이다.

에드먼드 – 형님은 막무가내였습니다. 저는 형님의 계획을 폭로하겠다고 위협했습니다. 그랬더니 형은 '유산 상속도 못 받을 서자놈 주제에. 서자가 하는 말을 아버님이 믿으실 거 같으니? 천만에. 그런 말을 하면 오히려 내가 이것은 네놈의 간교라고 말할 것이다. 바로 네놈의 모략이라고 말해서 죄를 뒤집어씌울 테다.' 라고 말했습니다.

글로스터 - 이런 악독한 놈! (안에서 나팔 소리) 공작의 나팔 소리다. 무슨 일로 오시는지 모르겠구나. 항구는 모두 폐쇄시켜야겠다. 그래야 그놈이 도망을 치지 못하지. 그리고 너에게 내 영토를 상속하겠다.

콘월, 리건, 시종들 등장.

콘월 - 웬일이오? 여기 막 도착했는데 이상한 소문이 들리는구려.

리건 - 그게 사실이라면 그 죄인은 어떠한 엄벌을 내려도 부족함이 없을 거요. 어떻게 된 일이오?

글로스터 - 이 늙은이의 마음은 터질 것 같습니다.

리건 - 아니, 그럼 에드거가 당신의 생명을 노렸나요?

글로스터 - 창피해서 말도 못하겠습니다.

리건 - 혹시 에드거는 우리 아버지를 시중들고 있는 기사들과 한패가 아니었던가요?

글로스터 - 그건 잘 모르겠습니다.

에드먼드 - 그렇습니다. 형님은 그들과 친하게 지냈습니다.

리건 - 그렇다면 그건 기사들이 에드거를 충돌질해서 자기 아버지를 죽이려고 한 거예요. 그래서 글로스터의 재산을 가로채려는 거지요. 오늘 언니가 보낸 편지에 그 기사들 이야기가 적혀 있었어요. 아버지와 기사들이 우리 집에 오게 되면 위험하니 집을 떠나 있으라고요.

콘월 - 그래서 우리가 집을 비우고 이곳으로 온 거라오. 에드먼드, 이번에 아버지께 큰 효도를 했군.

에드먼드 - 아닙니다. 제가 할 일을 다했을 뿐입니다.

글로스터 - 이 아들놈이 에드거의 계략을 알아 냈지요. 그놈을 잡으려다가 이렇게 상처를 입었습니다.

콘월 - 에드거를 추적 중인가요?

글로스터 - 그렇습니다, 공작님.

콘월 - 에드먼드, 자네의 효심에 감탄했다. 그래서 당장 이 자리에서 자네를 나의 부하로 삼겠네.

에드먼드 - 부족한 점이 많은 저를 받아 주셔서 감사합니다.

글로스터 - 제 아들놈을 받아 주셔서 대단히 감사합니다.

리건 - 글로스터 백작, 이렇게 우리가 찾아온 것은 중요한 용건이 있어서입니다. 부디 당신의 의견을 듣고 싶어요. 아버지와 언니의 사이가 나빠진 이유를 언니가 편지로 알려왔습니다. 나는 집을 떠나 답장을 보내는 게 좋을 거 같습니다. 부디 나를 위해 충고를 해 주십시오.

글로스터 - 잘 알았습니다. 두 분 정말 잘 오셨습니다. (나팔 소리. 모두 퇴장)

제2장 글로스터 백작의 성 앞

켄트와 오즈왈드, 좌우에서 등장.

오즈왈드 - 밤새 안녕하시오. 당신은 이 집에 사는 사람이오?

켄트 - 그렇소. 이 못된 송아지 같은 놈아.

오즈왈드 - 왜 이렇게 욕을 하시오? 처음 보는 사람한테.

켄트 - 나는 너를 알고 있다. 비열하고 오만하고 경솔한 놈! 주인을 위한답시고 뚜쟁이 노릇을 하는 놈.

오즈왈드 - 별 미친놈 다 보겠네. 모르는 사람에게 욕을 퍼붓다니.

켄트 - 그래, 나를 모른다고 잡아떼. 국왕 앞에서 네 다리를 걸어 넘어뜨린 걸 벌써 잊었냐? 이 머리도 나쁜 놈아. 칼을 빼라. 폐하께 불리한 편지를 가져오고 공작 부인의 꼭두각시 노릇이나 하는 놈! 자, 덤벼라!

오즈왈드 – 사람 살려요, 사람 살려요.

켄트 – 이놈, 시끄럽게 떠들지 말고 어서 덤벼라!

오즈왈드 – 사람 살려요, 사람.

에드먼드, 칼을 빼들고 등장.

에드먼드 – 무슨 일이오? 웬 싸움질이오?

글로스터, 콘월, 리건, 하인들 등장.

글로스터 – 웬 소동이냐?

리건 – 언니의 사자와 아버님의 사자군요.

콘월 – 왜 싸우느냐? 말해 봐라. 대체 무엇 때문에 이렇게 소란을 피우느냐?

오즈왈드 – 저는 잘못이 없습니다. 며칠 전 왕께서 오해를 해서 저를 때린 일이 있습니다. 그 때 저놈이 한패가 되어 왕의 비위를 맞추며 저의 다리를 걸었습니다. 제가 쓰러지자 조롱을 했습니다. 그것을 대견히 여긴 왕은 이놈을 칭찬했습니다. 일부러 제가 져 준 것인데 말입니다. 그랬는데 분수도 모르고 여기서 다시 칼을 빼들고 설치지 뭡니까.

콘월 – 차꼬를 가져오라. 이 고집불통인 놈의 버릇을 고쳐 주겠다.

켄트 – 저는 전하의 시종입니다. 전하의 전갈을 가지고 왔습니다. 전하의 전갈을 가지고 온 사람을 이렇게 대우하시면 안 됩니다.

콘월 – 빨리 차꼬를 가져다 이놈의 발을 묶어 감옥에 처넣어라.

켄트 – 그건 전하의 개한테도 해서는 안 될 일이오. 부당하오.

리건 – 넌 아버님이 데리고 있는 악한이다. 그러니 당연한 벌이다.

콘월 — 이놈이 바로 언니가 말한 패거리일 거야. 차꼬를 가져와.

하인들이 차꼬를 들고 온다.

글로스터 — 공작님, 그러지 마십시오. 저는 폐하의 종입니다. 폐하가 아시면 화를 내실 겁니다.

콘월 — 그 책임은 내가 지겠네.

리건 — 언니야말로 화를 낼 거야. 자기의 사자가 욕을 당했으니.

글로스터 — (켄트를 보며) 참 안됐군요. 공작의 성질은 아무도 못 말리니. 하지만 내가 한 번 더 용서를 구해 보리다.

켄트 — 그만두시오. 세상은 착한 사람들도 때로는 억울한 일을 당하는 법이니.

글로스터 — 이건 공작님이 잘못하시는 거야. 폐하께서는 화를 내실 거야. (글로스터 퇴장)

켄트 — 어서 날이 밝기를. 그래야 이 편지를 읽을 수 있으니. 이것은 분명히 코델리아님의 편지야. 내가 이렇게 변장을 하고 있다는 것을 알고 계시는군. 적당한 때에 나를 구해 주실 모양이야. 운명의 신이여, 다시 이 나라에 미소를 보여 주고 행운의 수레바퀴를 돌려주십시오.

제3장 벌판

에드거 등장.

에드거 — 결국 지명수배를 당했어. 항구는 봉쇄되어 도망칠 수 없고, 감시가 철저해 다닐 수도 없지. 그래, 얼굴에 숯검정을 칠하고 허리에는 남루한 걸레를 두르자. 머리카락은 헝클어뜨리고. 그러면 나를 미친 거지로 보겠지. (퇴장)

제4장 글로스터의 성 앞

켄트는 차꼬에 채워져 있다. 리어 왕, 광대, 기사 등장.

리어 왕 - 이상하군. 이렇게 갑자기 집을 비우다니. 내가 보낸 사자도 돌려보내지 않고.

기사 - 제가 알기로는 어젯밤까지도 이 집을 떠나시려 하지 않았다고 합니다.

켄트 - 안녕하십니까, 폐하.

리어 왕 - 이게 무슨 일이냐? 왕이 보낸 사자한테 이렇게 한 놈은 누구냐?

켄트 - 왕의 딸과 사위입니다.

리어 왕 - 말도 안 된다. 그럴 리가 없다. 국왕의 사자에게 이런 난폭한 짓을 하다니. 무슨 사연으로 네가 이렇게 되었느냐?

켄트 - 제가 따님 댁에 도착해서 두 분께 폐하의 친서를 전하고 있을 때 한 사람이 뛰어왔습니다. 숨을 헐떡거리며 자기의 주인 거너릴 공주의 인사를 전하고는 나를 제쳐 놓고 편지를 내놓았습니다. 그러자 두 분이 편지를 읽고는 별안간 하인들을 부르시더니 말을 타고 떠나셨습니다. 그리고는 저보고 '뒤따라 오라. 틈이 나는 대로 답장을 쓰겠다'고 하셨습니다. 얼마나 싸늘한 눈초리로 쳐다보는지……. 그리고 이 곳에 와서 다른 사자를 만났습니다. 그 자식을 보고 저는 기분이 나빠졌습니다. 얼마 전에 폐하께 무례하게 군 그놈이었거든요. 그래서 제가 칼을 빼들었죠. 그랬더니 겁쟁이 그놈이 비명을 질러 댔습니다. 그래서 이 집 사람들이 나왔습니다. 폐하의 사위와 따님은 저에게 벌을 주어도 된다고 당연하게 생각하셨습니다.

리어 왕 - 이런 괘씸한! 내 딸은 어디 있느냐?

켄트 - 공작과 같이 안에 계십니다.

리어 왕 - 너는 여기 있어라. (리어 왕, 안으로 들어간다.)

기사 - 또다른 무례한 짓은 하지 않았습니까?

켄트 - 안했습니다. 그런데 폐하께서는 왜 이렇게 기사들을 조금밖에 데리고 오지 않았습니까?

광대 - 그런 것을 물으니까 네가 차꼬를 차게 된 거야.

리어 왕, 글로스터를 데리고 등장.

리어 왕 - 면회 사절이라고? 둘 다 병이 났다고? 이런……. 부모를 배신하려 하는군.

글로스터 - 폐하, 아시다시피 공작은 고집이 세서 한 번 이렇게 말하면 뜻을 꺾지 않습니다.

리어 왕 - 괘씸한 것들! 글로스터, 이 나라의 왕인 내가 내 딸과 사위를 만나려고 하는 거야!

클로스터 - 예, 그렇게 말씀드렸지만…….

리어 왕 - 국왕이 할 이야기가 있다는 거다. 아냐, 혹시 진짜로 몸이 아픈지도 모르지. 건강한 사람이라도 아프게 마련이고 아프면 매사가 귀찮아지거든. 나는 너무 성격이 급해서 탈이야. ……(켄트를 보고) 아니야, 그래도 이 나라의 왕인 나에게 그럴 수는 없어. 내 권세도 땅에 떨어졌구나. 콘월 공작과 내 딸이 나를 멀리하려는 데에는 분명한 이유가 있을 거야. 여봐라, 저 하인을 풀어 놓아라. 공작 부부에게 내가 할 이야기가 있다고 다시 전해라. 안 나오면 가만 있지 않겠다고 해라.

글로스터 - 폐하, 부디 가족과 화목하게 지내시길.(퇴장)

리어 왕 - 아, 내 가슴이 답답하다. 북받치는 이 가슴.

광대 - 아저씨, 왜 그렇게 노여워하십니까?

글로스터의 안내로 콘월, 리건, 그 시종들과 같이 등장.

리어 왕 – 그 동안 잘 있었느냐?

콘월 – 폐하께 인사 드립니다. (켄트를 풀어 준다.)

리건 – 아버님을 뵈오니 기쁨이 한량없습니다.

리어 왕 – 그렇겠지, 리건. 당연히 그래야지. (켄트를 보고) 오, 이제 너를 풀어 주었구나. 그 문제는 나중에 이야기하고……. 리건, 네 언니는 지독한 년이더라. 어금니로 독수리 같이 내 가슴을 물어뜯었단다. 믿을 수 있겠니, 리건?

리건 – 아버지, 제발 진정하세요. 언니가 아버지께 불효할 리 없습니다. 언니가 조금이라도 아버지 마음을 아프게 했다고는 생각하지 않습니다. 혹시 언니가 아버님의 시종들에게 함부로 했다면 거기엔 무슨 사연이 있을 겁니다.

리어 왕 – 이런, 너까지도. 망할 것!

리건 – 아버님은 늙으셨어요. 기력도 쇠하셨고요. 거기다 약간의 망령도 있으시고. 그러니 제발 언니에게 돌아가서 사과하세요.

리어 왕 – 가서 사과를 하라고? 절대로 그렇게는 못한다. 그년은 내 부하를 반으로 줄였다. 하늘의 저주가 그 못된 딸년에게 떨어져라.

콘월 – 저런, 저런!

리어 왕 – 날쌘 번개야, 눈을 멀게 하는 그 번갯불로 오만한 그년의 눈을 찔러 다오.

리건 – 아, 무서워. 화가 나시면 내게도 저렇게 저주를 하시겠지.

리어 왕 – 너를 절대 저주하는 일은 없을 거다. 너는 원래 착한 아이였으니까. 너는 나의 기쁨을 반으로 줄이거나 하인을 줄이거나 하지 않겠지. 내게 말대꾸를 하지도 않을 거고?

리건 – 아버지, 그런 말씀은 하지 마시고 이제 용건을 말씀하세요.

리어 왕 – 내가 보낸 사자에게 차꼬를 채운 놈이 대체 누구냐?(안에서 나팔 소리)

콘월 – 웬 나팔 소리지? 누가 오는 모양이군.

리건 – 언니일 거예요. 편지로 온다고 했거든요. 벌써 오는군요.

오즈왈드와 거너릴 등장.

리어 왕 – 아, 하늘이여! 늙은이를 가엾게 여기사 저를 도와주십시오! 누가 내 하인에게 차꼬를 채웠지?

콘월 – 제가 했습니다. 그놈의 무례한 행동에는 이보다 더한 벌을 주었어야 했지만 폐하를 생각해서 참았습니다.

리어 왕 – 뭐라고? 네가 했다고?

리건 – 아버님, 나이 드신 분답게 행동하세요. 이제 돌아가셔서 언니 집에 계시다가 시종들을 반으로 줄여서 다시 제게로 오세요.

리어 왕 – 거너릴한테 돌아가라고? 거기다 내 시종을 줄이라고? 그럴 바엔 아무것도 없는 막내딸을 데려간 프랑스 왕에게 가서 무릎을 꿇고 비천한 신하가 되는 것이 낫지. (오즈왈드를 가리키며) 구역질이 나는 저 노예가 되는 게 낫지!

거너릴 – 마음대로 하세요.

리어 왕 – (거너릴에게) 얘, 제발 나를 미치게 하지 말아라. 잘 있거라. 두 번 다시 만나지 않겠다. 리건에게 있으면 돼.

리건 – 그렇게 할 수 없습니다. 저는 아버지를 맞을 준비가 되지 않았습니다. 언니 말을 들으세요. 그렇게 화를 내면 아무리 참을성 있는 사람도 견디지 못해요.

리어 왕 – 진정으로 그런 말을 하는 거냐?

리건 – 예. 시종이 오십 명이면 충분하지요. 그 이상 둘 필요가 뭐 있겠어요. 시종이 많으면 비용도 많이 들고 위험해요. 두 주인 밑에서 그 많은 신하들이 사이좋게 지낼 수는 없어요.

거너릴 – 아버지, 동생의 하인이나 제 하인을 저희와 같이 부리시면 안 될까요?

리건 – 그렇게 해요. 만일 저희들의 하인이 아버지께 무례하게 굴면 저희가 벌을 줄게요. 그리고 저희 집에 오시면 제발 하인들은 25명으로 줄여 주세요.

리어 왕 – 이럴 수가……. 나는 내 딸들에게 모든 것을 주었는데……. 그리고 내가 갖고 있던 권력을 다 주었는데 뭐, 25명이라고?

리건 – 다시 한 번 말씀드리지만 그 이상은 안 돼요.

리어 왕 – 이런! 거너릴, 너한테로 가겠다. 리건은 25명이라지만 넌 50명이라고 했으니 말이다. 리건보다 거너릴이 낫겠구나.

거너릴 – 잠깐만요. 시종을 둘 필요가 있나요? 저희 집에는 그보다 많은 하인들이 있으니 내 하인들이 아버지를 시중들 수 있잖아요.

리건 – 맞아요. 한 명도 없어도 되겠군요.

리어 왕 – 이 흉악한 마녀 같은 것들! 어떻게 복수를 할지는 나도 아직 잘 모르겠지만 온 세상이 벌벌 떨게 만들 테다. (폭풍 소리) 광대야, 나는 미칠 것 같구나. (리어 왕, 글로스터, 켄트, 광대 퇴장)

콘월 – 자, 안으로 들어갑시다. 폭풍우가 일 것 같군.

리건 – 이 집은 좁아서 아버지와 시종들이 다 들어갈 수 없어요. 아버지 한 사람은 받아들일 수 있지만 그 이상은 안 돼요.

거너릴 – 나도 마찬가지야. 그런데 글로스터 백작은 어디로 간 거지?

콘월 – 왕을 따라갔다오. (글로스터, 되돌아온다.) 아, 다시 오는군.

글로스터 – 폐하께서 화가 많이 나셨습니다.

콘월 – 어디로 가셨소?

클로스터 – 말을 타셨는데 어디로 가셨는지는 모르겠습니다.

콘월 - 내버려 둬. 고집대로 하라고.

글로스터 - 바람이 매섭게 불고 있습니다. 그 근처에는 머물 만한 곳이 없습니다.

리건 - 차라리 잘 되었어요. 고집을 피우면 안 된다는 것을 배우는 시간이 되겠군요. 문을 모두 닫아요. 아버님은 난폭한 시중들을 데리고 있어요. 혹시 그들이 아버님을 충동질해서 무슨 짓을 할지 몰라요.

콘월 - 리건 말이 맞아요. 자, 폭풍이 와요. 안으로 들어갑시다. (모두 퇴장)

제3막

제1장 황야

천둥, 번개, 폭풍 소리. 켄트와 한 기사가 좌우에서 등장.

켄트 - 폐하는 어디 계시오?

기사 - 폭풍우 속에 서 계십니다. 동물도 비에 젖지 않으려는 이 밤에 모자도 안 쓰시고 뛰어다니시며 될 대로 되라고 외치고 계십니다.

켄트 - 폐하 곁에 누가 있겠지요?

기사 - 광대가 있습니다. 따님들한테서 받은 상처를 광대가 위로해 드리고 있습니다.

켄트 - 나는 당신의 인품을 알고 있소. 그래서 당신을 믿고 부탁 하오. 사실은 폐하의 두 사위인 올버니 공작과 콘월 공작 사이에 틈이 벌어졌소. 두 공작의 하인 중에는 겉으로는 그들의 충복인 척하지만 프랑스 왕의 편을 드는 자도 있소. 그가 우리 나라의 정보를 몰래 프랑스로 보내고 있소. 아무튼 프랑스 군이 우리 나라를 공격할 것이오.

우리가 방심한 틈을 타서 어떤 항구에 이미 상륙해서 공격할지 모른다오. 그러니 부탁하오. 나를 믿고 지금 도버로 가서 폐하께서 지금 얼마나 모욕을 받고 계신지 보고해 주시오. 내가 누군인지는 아직 말할 수 없소. 그러나 나는 혈통과 가문이 좋은 사람이라오. 나중에 내가 누군지 말해 주리다. 코델리아 공주님을 만나면 이 반지를 보여 드리시오. 그러면 내가 누군인지 가르쳐 줄 거요. 무슨 비바람이 이렇게 분담. 나는 폐하를 찾으러 가야겠소.

제2장 황야의 다른 곳

폭풍우 속에 리어 왕과 광대 등장.
리어 왕 - 바람아, 불어라! 내 뺨을 찢어라. 폭풍우 같은 폭우야, 쏟

아져라. 은혜를 배신하는 것들은 당장에 쓸어 버려라!

광대 – 비를 피할 수 있는 집 안에서 아첨하는 것이 밖에서 비를 맞는 것보다 나아요. 돌아가서 따님들에게 도움을 청하세요.

리어 왕 – 비야, 쏟아져라! 딸들아, 이 불쌍한 늙은이를 이런 곳에 있게 하다니……

켄트 등장.

켄트 – 아니, 폐하. 짐승들도 이런 밤은 싫어하지요. 이런 험한 날씨에는 짐승들도 굴속에 숨어 있습니다. 사람의 몸으로는 이런 고통을 감당할 수 없습니다. 근처에 오두막집이 있습니다. 거기서 비를 피하십시오.

리어 왕 – 내 정신이 이상해지는구나. 너무 춥다. (켄트에게) 그 오두막으로 가자.

제3장 글로스터 백작 성의 한 방

글로스터와 에드먼드, 횃불을 들고 등장.

글로스터 - 에드먼드, 나는 그렇게 몰인정한 딸들은 처음 봤다. 왕을 도와 드리려고 공작 부인께 애원하다가 나는 집을 빼앗겼다. 또다시 폐하 이야기를 꺼내거나 폐하를 위한 말을 하거나 도우면 안 된다고 엄명을 내렸단다.

에드먼드 - 지독하고 난폭한 사람들이군요.

글로스터 - 아무 말 말아라. 두 사위 사이에 불화가 일어나고 있다. 거기다 더 불행한 일이 있다. 오늘 밤 한 통의 밀서를 받았어. 지금 폐하께서 받고 있는 학대에 대해서 철저한 복수가 있을 거다. 벌써 군대가 상륙했단다. 우리는 폐하 편을 들어야 한다. 너는 가서 공작님을 모셔라. 내 이야기를 묻거든 아프다고 해라. 이번 일이 잘못되어 목숨을 잃는다 해도 오랫동안 섬겨온 국왕을 꼭 도와 드려야 한다. (글로스터 퇴장)

에드먼드 - 아버지의 계획을 공작에게 알려야지. 밀서도 같이. 그러면 아버지의 몰수당한 재산도 모두 내 것이 될 수 있어.

제4장 황야의 오두막집 앞

리어 왕, 켄트, 광대 등장.

켄트 - 여기입니다. 들어가십시오. 빈 들에서 거친 폭풍우를 견디지 못합니다. 몸이 많이 상합니다.

리어 왕 - 너는 내가 폭풍우 속에 있는 것을 무척 걱정하는구나. 하지만 큰 병을 앓고 있을 때는 작은 병은 아무렇지도 않단다. 마음에 고민이 없을 때는 육체의 고통이 예민해지지만 가슴속에 폭풍우가 일어나면 육체는 고통을 느끼지 못하지. ……불효자, 내가 불효자를 두다니. (광대에게) 애야, 먼저 들어가거라. 이제 나는 세상의 가난한 사람들을 위해 기도하겠다. 나는 지금까지 그들에게 너무 무관심했다. 폭풍우 속에 서 있어 보고 가난뱅이들의 처지를 경험해 보니 여러 생각을 하게 되는구나.

에드거 — (안에서) 야, 나는 불쌍한 톰이다. 누구냐? (광대, 놀라서 오두막에서 뛰어나온다.)

광대 — 아저씨, 저 안에 귀신이 있어.

켄트 — (안에다 대고) 누구냐, 거기 있는 사람은? 어서 이리 나와라.

미치광이로 가장한 에드거가 오두막에서 나온다.

에드거 — 저기로 가. 악마가 쫓아온다.

리어 왕 — 너도 나처럼 딸들에게 배신당했느냐?

에드거 — 누가 좀 나를 도와주십시오. 이 불쌍한 톰에게. 악마가 이 톰의 가슴속에 들어와 있습니다. 그래서 불 속, 개울 속, 늪 속으로 나를 끌고 다닙니다. 아, 춥다. 톰은 너무 추워서 견딜 수 없다.

광대 — 이런 밤은 누구라도 바보나 미치광이가 될 거야.

에드거 — 악마를 조심해요. 부모의 말을 잘 듣고 약속을 꼭 지켜요. 함부로 맹세하지 말고 남의 아내를 범하지 말아요. 아, 톰은 춥다.

리어 왕 — 너는 어떤 일을 하던 놈이냐?

에드거 — 대단한 건달이었지요. 술고래요, 노름에 미치고 여자를 좋아했지요.

글로스터, 횃불 들고 등장.

리어 왕 — 저 사람은 누구냐?

켄트 — 게 누구냐? 무엇을 찾느냐?

글로스터 - 너희들은 누구냐? 이름을 대라.

에드거 - 불쌍한 톰입니다. 이놈은 청개구리, 두꺼비, 올챙이, 도마뱀, 물 속에 사는 것이라면 닥치는 대로 먹습니다. 악마가 내 몸에 들어와 발작을 하면 쇠똥을 먹고, 늙은 쥐도 먹습니다.

글로스터 - 아니, 폐하. 이런 미친놈하고 계셨습니까? 저는 폐하의 신하로 따님들의 명령에 복종할 수 없었습니다. 따님들은 저에게 폐하를 이 추운 밤에 고생하게 놔두라는 명령을 했습니다. 하지만 저는 폐하를 따뜻한 불과 식사가 있는 곳으로 안내해 드리기 위해 찾아왔습니다.

켄트 - 폐하, 저분의 말대로 하십시오. 그 집으로 들어가십시오.

리어 왕 - 그 전에 이 그리스 학자와 한마디 의논해 보겠다. 네 전문은 뭐냐?

에드거 - 이를 잡는 겁니다.

켄트 - (글로스터에게) 폐하께서 실성하기 시작한 것 같습니다.

글로스터 - 이게 어디 왕의 잘못이겠습니까? 딸들이 왕을 죽이려 하니 말이오. 아, 불쌍한 켄트! 가엾게 추방당한 그 사람은 어떻게 되었을까? (켄트에게) 나도 사실은 미칠 것 같소. 내 자식도 내 목숨을 노리고 있다고요. 나는 그놈을 무척 사랑했었는데.

리어 왕 - (에드거에게) 철학 선생, 같이 갑시다.

에드거 - 톰은 추워요.

글로스터 - (에드거에게) 이봐, 너는 그 오두막 속에 들어가 몸을 녹여라.

리어 왕 - 저 사람하고 같이 가겠다.

켄트 - (글로스터에게) 왕의 말씀대로 저 사람도 데리고 갑시다.(모두 퇴장)

제5장 글로스터 성의 한 방

콘월과 에드먼드 등장.

에드먼드 - 이렇게 아버지와 아들의 정도 끊고 충성을 다했습니다.

콘월 - 이제야 알겠다, 네 형이 네 아비의 목숨을 노린 것을. 네 형은 네 아비가 비난받을 만한 약점이 있어서 그랬던 거야.

에드먼드 - 아버지를 버린 저의 운명은 얼마나 기구합니까? 이것이 아버지가 얘기한 밀서입니다. 아버지는 프랑스 군의 첩자임이 분명합니다. 아, 이런 반역이 없었더라면. 내가 밀고자가 되는 일이 없었더라면.

콘월 - 같이 공작 부인에게 가자.

에드먼드 - 이 밀서가 사실이라면 공작께서는 대사건을 치르시겠군요.

콘월 - 너는 어서 네 아비가 어디에 있는지 알아 내라. 곧 체포하도록 말이다.

에드먼드 - 저는 공작님께 충성을 다할 각오입니다. 충성과 효도 사이에 갈등이 아무리 심하더라도.

콘월 - 나는 너를 믿겠다. 그리고 부친을 사랑했던 것보다 너를 더 사랑하겠다. (두 사람 퇴장)

제6장 글로스터의 성 부근 농가

글로스터와 켄트 등장.

글로스터 - 폐하를 좀더 편안하게 모실 수 있도록 최선을 다해 주시오. 곧 돌아오리다.

켄트 – 폐하께서는 울화가 치밀어 거의 미치셨습니다. 당신께 감사합니다. (글로스터 퇴장)

리어 왕, 광대, 에드거 등장.

에드거 – 악마가 톰에게 달라붙고 있어요. 이 악마야! 물러나라.

리어 왕 – 수천의 악마들이 새빨갛게 불에 달군 쇠꼬챙이를 들고 와 그년들에게 덤벼들게 하자. 먼저 그년들을 재판해야지. (에드거에게) 재판장님, 자리에 앉아 주십시오. (광대에게) 너는 동료 재판장이니 그 옆 자리에 앉아라. (켄트에게) 너는 치안 담당이다. 너도 앉아라.

에드거 – 공정하게 처리합시다.

리어 왕 – 큰딸 거너릴을 먼저 불러와. 이년은 자기 아비를 발길로 찼어.

광대 – 이리 나와. 네가 거너릴이냐?

리어 왕 – 여기 또 하나 있다. 저년의 얼굴을 보면 어떤 여자인지를 알 수 있다. 붙잡아, 그년을! 그리고 칼을 가져와. 이 법정은 부패했어. 저자는 부정한 재판관이야.

에드거 – 신의 가호로 실성하지 않기를.

켄트 – 아, 가엾은 우리의 폐하.

에드거 – (방백) 너무 불쌍해서 눈물을 참을 수 없군.

리어 왕 – 내 딸 리건을 해부해 주시오. 저년의 가슴속에 무엇이 들어 있나. 대체 무엇이 있기에 자기 아비를 버리는지.

켄트 – 폐하, 이제 누워서 좀 쉬십시오.

글로스터 등장.

글로스터 – 어서 피하시오, 암살 음모가 있다오. 빨리 폐하를 모시고 도버로 가시오. 거기로 가면 폐하를 환영해 주고 보호할 것이오. 지체하면 안 되오. 목숨이 위태롭소. 당신 목숨도 마찬가지오. 폐하를 도우려는 사람들까지 노리고 있소. 그리고 나를 따라오시오. 여행에 필요한 물건들이 있는 곳으로 안내할 테니.

켄트 - 폐하가 피로에 지쳐 잠드셨군. (광대에게) 자, 좀 거들어라. 주인님을 안아 일으키자.

글로스터 - 자, 그럼 갑시다. (글로스터, 켄트, 광대, 리어 왕을 안고 퇴장)

에드거 - 국왕은 딸들 때문에, 나는 아버지 때문에 이런 고생을 하는구나. 오늘 밤 아무 일이 없기를. 그래서 폐하께서 제발 무사하기를.

제7장 글로스터의 성의 한 방

콘월, 리건, 거너릴, 에드먼드, 하인들 등장.

콘월 - (거너릴에게) 급히 돌아가서 올버니 공작에게 이 편지를 보여 드리시오. 프랑스 군이 상륙했습니다. (하인에게) 글로스터를 찾아오너라.

리건 - 그놈을 당장 교수형에 처하세요.

거너릴 - 눈을 뽑아 버리세요.

콘월 - 처분은 내가 한다. 에드먼드! 너는 거너릴 공주를 모시고 가라. 너의 부친을 우리가 처형하는 것을 보는 건 좋지 않다. 올버니 공작 댁에 도착하거든 속히 전쟁 준비를 하라고 전해라.

오즈왈드 등장.

콘월 - 그래, 찾아봤느냐? 왕은 어디 있느냐?

오즈왈드 - 글로스터 백작이 모시고 갔습니다. 왕의 기사도 왕의 행방을 찾다가 성문 앞에서 글로스터 백작의 하인들과 만나 폐하를 엄호하고 있습니다. 그리고 도버로 떠났습니다.

콘월 - 그래, 공주님이 타고 가실 말을 준비해라. 에드먼드, 잘 가요 (거너릴, 에드먼드, 오즈왈드 퇴장) 글로스터를 체포해 오너라. 가만 두지 않겠다.

하인들이 글로스터를 끌고 온다.

리건 - 배은망덕한 너구리 같은 놈!

콘월 - 두 팔을 꼭 묶어라.

글로스터 - 왜 그러십니까? 두 분은 제 집에 오신 손님입니다. 제 집에서 부당하게 하지 마십시오.

리건 - 꽁꽁 묶어라.

콘월 - 의자에다 묶어라. 이 악당아, 본때를 보여 주겠다. (리건은 의자에 묶인 글로스터의 수염을 잡아 뽑는다.)

글로스터 - 수염을 뽑는 건 너무하오.

리건 - 흰 수염을 하고서 모반을 하는 나쁜 놈!

콘월 - 그래, 프랑스에서 무슨 편지를 받았나? 그리고 이 나라에 상륙한 군대와 무슨 거래가 있었느냐?

리건 - 미친 왕을 누구 손에 넘겨 주었느냐?

글로스터 - 추측으로 쓴 편지를 받았습니다. 그러나 그것은 결코 적이 보낸 편지가 아닙니다.

콘월 - 간사한 것! 국왕을 어디로 보냈느냐?

글로스터 - 도버로 보냈소.

리건 - 왜 도버로 보냈어? 우리가 그런 짓을 하면 가만두지 않겠다고 했지!

글로스터 - 왜라니요? 비가 무섭게 오는 밤에는 설사 늑대가 와서 문을 열어 달라고 해도 열어 주어야 하지요. 딸들이 어떻게 자기 아버지에게 그렇게 몰인정할 수 있습니까? 이런 딸들은 반드시 천벌을 받을 거요.

콘월 - 당치도 않은 소리! 너의 눈을 나의 발로 짓밟아 놓겠다. (글로스터의 한쪽 눈을 뽑아 땅에 내던져서 짓밟는다.)

글로스터 - 아, 신들이여! 나를 도와주소서. 누가 나 좀 도와주시오.

리건 - 한쪽 눈도 뽑아 버려요.

하인 1 - 나리, 그러지 마십시오. 저는 오랫동안 글로스터 백작님을 모셔왔습니다. 내가 이것을 막지 않는다면 면목이 서지 않지요.

리건 - 뭐가 어째? 감히!

콘월 - 이 종놈이……. (칼을 빼어든다.)

하인 1 - (칼을 빼든다.) 그럼, 해 봅시다. 상대해 드리죠.

콘월 - 뭐라고! 이런 괘씸한 놈. 감히 네가 날 찌른다고? (칼로 하인을 찌른다.)

하인 1 - 이런! 치명상이다. (칼로 콘월을 가볍게 찌른다.) (글로스터에게) 백작님, 보셨지요? 제가 백작님께 받은 은혜를 갚기 위해 한 일을…….

콘월 - 이제 아무것도 보지 못하도록 하겠다. 에잇, 더러운 것! (글로스터의 눈을 마저 뽑아 밟아 버린다.)

글로스터 - 아, 온통 캄캄하구나. 의지할 곳이 없구나. 내 아들 에드먼드, 나 대신 복수를 해 다오.

리건 - 아들을 불러 봐도 소용 없다. 너를 밀고한 사람은 바로 네 아들, 에드먼드다.

글로스터 - 아, 내가 어리석었다. 그렇다면 에드거도 모략을 당했구나. 흑흑!

리건 - 이놈을 성문 밖에다 버려라. 도버까지 기어서 가라지. (하인들이 글로스터를 끌고 퇴장, 콘월에게) 안색이 안 좋아요.

콘월 - 상처를 입었소. (하인에게) 저 노예를 쓰레기통에다 버려라. 리건, 피가 많이 나고 있소. 부상을 당했어. 나를 좀 부축해 주오. (리건의 부축을 받으며 퇴장)

하인 2 - 저런 나쁜 것들이 행복하게 산다면 그 어떤 나쁜 짓이라도 하겠다.

하인 3 - 저런 여자가 오래 부귀영화를 누리는 이 세상, 아, 싫다.

하인 2 - 글로스터 백작님을 뒤따라가자. 그리고 거지에게 저 분을 부탁하자. 떠돌아다니는 것이 본업이니 백작님을 데리고 가 줄 거야.

하인 3 - 하느님, 저 분을 살려 주소서. (퇴장)

제4막

제1장 황야

에드거 등장.

에드거 - 입으로 아첨을 받으면서 속으로 조롱을 당하는 것보다 불쌍한 것은 없다. 끝없이 몰락하는 것이 가장 슬프다. 하지만 나락으로 떨어지면 언젠가는 다시 일어서고 웃을 수 있다.

글로스터, 한 노인에게 이끌려 등장.

에드거 - 누가 오는 모양이다. 앗, 아버지시다! 아, 이게 무슨 일인가?

노인 - 백작님, 저는 선대 때부터 80년 동안 하인 노릇을 했습니다.

글로스터 - 됐다, 나를 도와주면 오히려 너까지 화를 입는다.

노인 - 그렇지만 길을 못 보시잖아요.

글로스터 - 나는 갈 곳이 없으니 눈이 필요 없다. 아, 내 아들 에드거! 내 생전에 너를 한번만이라도 볼 수 있다면…….

노인 - 누구냐? 거지 톰이구나.

글로스터 - 거지인가?

노인 - 예, 미친 거지입니다.

글로스터 - 어제 폭풍우 속에서 그런 놈을 봤어.

에드거 - (방백) 도대체 어쩌다 이런 꼴이 되었을까? ……. 안녕하십니까, 영감.

글로스터 - (노인에게) 자네는 돌아가게. 저놈에게 부탁을 하겠네.

노인 - 저놈은 미친놈인데요?

글로스터 - 내가 하라는 대로 해. 어서 돌아가 줘.

노인 - 예. (노인 퇴장)

에드거 - (방백) 이제 더 이상 숨길 수 없어. 그래도 내가 누구인지 밝힐 수는 없어. (글로스터에게) 아, 이런……. 눈에서 피가 나옵니다.

글로스터 - 도버로 가는 길을 안다면 나를 거기까지 데려다 주어라. 그 곳으로 가는 길에 절벽이 있다. 그 절벽까지만 데려다 다오. 그러면 내가 갖고 있는 값진 것을 너에게 주겠다.

에드거 - 제 손을 잡으십시오. 불쌍한 톰이 안내해 드리겠습니다.

제2장 올버니 공작의 저택 앞

거너릴, 에드먼드 등장.

거너릴 - 에드먼드 백작, 어서 오세요. 오, 그런데 우리 집 올버니 공작이 왜 마중을 안 나왔을까?

오즈왈드 등장.

거너릴 - 네 주인은 어디 계시냐?

오즈왈드 – 안에 계십니다. 그런데 완전히 딴사람이 되셨습니다. 적국이 상륙했다고 전하니 빙그레 웃으십니다. 부인이 오셨다고 전해도 귀찮다고만 하십니다. 글로스터 백작의 모반과 그 아들의 충성을 이야기했더니 '이야기가 정반대야.' 하시며 제게 꾸중을 하셨습니다.

거너릴 – (에드먼드에게) 그럼, 당신은 돌아가세요. 우리 집 양반은 겁쟁이라서 대담하게 무슨 일을 못하죠. 모욕을 당해도 복수할 줄도 모르죠. 콘월 공작에게 가시오. 급히 군대를 소집해서 그 군대를 지휘하세요. 연락이 필요하면 제가 심복을 시켜 연락할게요. (사랑의 정표를 주면서) 이것을 지니세요. (손등에 키스하며) 그럼, 안녕!

에드먼드 – 당신을 위해서라면 죽음도 각오하겠습니다. (퇴장)

거너릴 – 나의 사랑하는 에드먼드! 같은 남자인데도 내 남편과는 전혀 다르다니까.

오즈왈드 – 아씨, 나리께서 오십니다. (오즈왈드 퇴장)

올버니 등장.

거너릴 – 제가 오면 휘파람을 불어 주셨는데 오늘은 뭐예요? 마중도 안 나오시고.

올버니 – 나는 당신의 성격이 걱정이오. 자기를 낳아 준 부모를 업신여기는 여자! 당신이 한 짓은 뭐요? 마치 짐승 같구려. 그렇게 잔인하고 창피한 짓을 하다니. 나는 왕의 덕분으로 귀족이 된 사람이오. 내가 그것을 가만히 보고만 있지 않을 거요.

거너릴 – 비겁한 사람! 당신의 나라를 적들이 위협하기 시작했는데 이렇게 설교나 하고 있으니.

올버니 – 당신은 여자로 둔갑한 마녀요!

리건의 사자 등장.

올버니 – 무슨 일이냐?

사자 - 공작님, 콘월 공작님이 돌아가셨습니다. 글로스터 님의 한쪽 눈을 마저 빼려다가 하인에게 찔렸습니다.

올버니 - 글로스터의 눈을?

사자 - 어릴 때부터 부리던 하인이 제 주인이 당하는 수모를 보자 공작에게 달려들었습니다.

올버니 - 이거야말로 하늘의 심판이 있다는 증거야. 그러나 아, 가엾은 글로스터! 다른 쪽 눈도 잃었느냐?

사자 - 두 눈을 잃으셨습니다. (거너릴에게) 이 편지는 답장이 급하답니다. 아씨 동생의 것입니다.

거너릴 - (방백) 한편으로 생각하면 잘 된 일이야. 그러나 과부가 된 내 동생이 에드먼드를 자기 곁에 두면 안 되는데. 나에게 남은 가장 소중한 사람은 에드먼드인데…….(사자에게) 빨리 읽어 보고 답장을 쓰겠다.

올버니 - 글로스터의 눈알을 뽑을 때 그의 아들은 어디에 있었느냐?

사자 - 아씨를 모시고 이 댁으로 떠나셨습니다.

올버니 - 이 곳에 오지 않았는데…….그런데 그 아들은 이 잔인한 소행을 알고 있느냐?

사자 - 알다뿐입니까. 자기 부친을 밀고한 것은 아들이었습니다. 아무 문제 없이 처벌하도록 일부러 처형당하는 곳을 피했는데요.

올버니 - 글로스터여, 내가 살아 있는 한 국왕에게 바친 당신의 충성을 잊지 않으리다. 당신의 원수를 갚아 드리겠소.

제3장 도버 근처의 프랑스 군 진영

켄트와 기사 한 사람 등장.

켄트 – 프랑스 왕이 왜 갑자기 귀국했는지 그 이유를 아시오?

기사 – 프랑스 본국에 해결되지 않은 문제가 있어서 돌아가셨습니다. 그냥 두면 국가의 큰 사건이 될 우려가 있어서입니다.

켄트 – 그럼 누가 총사령관이요?

기사 – 프랑스의 라팔 각하입니다.

켄트 – 왕비께서는 그 편지를 보고 슬픈 표정을 지으시던가요?

기사 – 예, 깊은 슬픔을 참으시느라 애쓰셨습니다.

켄트 – 다른 말씀은 없었소?

기사 – '언니들, 언니들! 참으로 수치스럽습니다.' 하시고는 눈물을 흘리셨습니다. 그리고 울음을 그치고 나서 혼자 슬픔을 달래려고 그 자리에서 일어나셨습니다.

켄트 – 같은 자매지만 이렇게 다르시다니……. 그래, 그 후 왕비님을 뵌 적은?

기사 – 없습니다.

켄트 – 이번 일은 프랑스 왕이 귀국하시기 전에 일어났소?

기사 – 아닙니다. 귀국 후의 일입니다.

켄트 – 불쌍하고 비참한 리어 왕은 지금 이 도시에 계신다. 막내따님과의 대면은 한사코 안 하시겠다고 하시네.

기사 – 왜 그러실까요?

켄트 – 창피해서 막내따님과의 만남을 피하시는 거라네. 올버니와 콘월 군대에 관해서 들은 이야기는 없소?

기사 – 벌써 출병했다고 합니다.

켄트 – 자, 그럼 리어 왕에게 안내를 하겠소. (두 사람 퇴장)

제4장 프랑스 군의 진영

의사와 기수가 선두로 나오고 코델리아 등장. 병정들과 하인들이 뒤따라 등장.

코델리아 – 아아, 아버님은 파도가 심한 바다처럼 큰 소리로 노래하고, 머리에는 잡초들로 화관을 만들어 쓰셨다는군요. 어서 아버님을 모셔 오세오. (장교 퇴장) 의학의 힘으로 아버님을 고칠 수 없을까? 아버님을 낫게 해 주는 사람에게는 내가 가진 보석들을 다 드리겠어요.

의사 – 치료 방법이 있습니다. 폐하께서는 휴식이 부족했습니다. 잠을 푹 자게 하는 약초의 힘을 빌리면 됩니다.

코델리아 – 어서 아버지를 찾아와요. 실성하셔서 혹시 목숨을 끊으실지도 모르니까요.

사자 등장.

사자 – 아룁니다. 잉글랜드 군이 이리로 쳐들어오고 있습니다.

코델리아 – 알고 있소. 요격할 태세는 다 갖추었소. 이번 출병은 아버님을 위한 것입니다. 그래서 프랑스 왕은 애원하는 저를 동정해 주었지요. 자기 야심 때문에 이런 일을 한 것이 아닙니다. 자식으로서 연로하신 아버님의 권위를 되찾아 드리고자 한 것이지요. (모두 퇴장)

제5장 글로스터의 성

리건과 오즈왈드 등장.

리건 – 형부네 군대는 출병을 했나? 형부도 직접 출병을 했나?

오즈왈드 – 예, 권유에 못 이겨서 겨우 출병하셨습니다. 언니 되시는 분이 오히려 더 훌륭한 군인의 모습이었습니다.

리건 – 에드먼드와 올버니 형부 사이에 오고간 말이 없었나?

오즈왈드 – 예, 없습니다.

리건 – 언니가 에드먼드에게 보내는 편지 내용은 뭘까? 글로스터의 눈을 빼 버렸을 때 목숨을 살려 둔 것이 실수였어. 글로스터는 가는 곳마다 사람들의 마음을 자극시켜 우리의 적으로 만들고 있으니……. 그런데 언니는 왜 에드먼드에게 편지를 썼을까? 오즈왈드, 부탁 하나 합시다. 그 답례는 충분히 하겠소. 그 편지를 뜯어 보게 해 주시오.

오즈왈드 – 그것은 좀…….

리건 – 다 알고 있어요. 언니는 남편을 사랑하지 않아요. 지난번 여기에 왔을 때도 에드먼드에게 이상야릇한 눈길을 보냈지요. 내가 하는 말을 명심해요. 내 남편은 죽었어요. 에드먼드와 나는 약속을 했어요. 에드먼드는 거너릴 언니와 결혼하기보다는 나하고 결혼하는 것이 더 나아요. 혹시 에드먼드를 만나면 이 점을 이야기해 줘요. 그리고 언니에게 제발 정신을 차리라고 말해 줘요. 그럼 잘 가요. 글로스터의 거처를 알아 내서 목을 베어 오는 사람에게는 출세가 보장된다는 것을 잊지 말고요.

제6장 도시 근처의 시골

글로스터의 손을 잡고 농부 차림의 에드거 등장.

글로스터 – 언제 그 절벽 꼭대기에 도착할까?

에드거 – 지금 올라가고 있어요. 파도 소리도 나잖아요?

글로스터 – 아무 소리도 안 들리는데.

에드거 – 눈이 아파서 다른 감각들이 둔해져서 그런 거예요.

글로스터 – 그럴지도 모르지.

에드거 – 자, 여깁니다. 가만히 서 계십시오. 여기서 아래를 내려다보니 무서워서 어질어질합니다. 이제 한 발짝만 떼면 낭떠러지입니다.

글로스터 – 손을 놔라. 자, 돈주머니를 하나 더 주겠다. 이 안에는 보석이 많이 들어 있다. 가난뱅이 신세를 면할 수 있을 거야. 자, 이제 멀리 가거라. 내게 인사하고 물러가는 네 발소리를 들려 다오.

에드거 – 영감님, 그러면 안녕히 계십시오.

글로스터 – 고맙다. (무릎을 꿇고) 아, 하늘의 신이여! 저는 이제 이 세상을 하직하려고 합니다. 에드거가 아직 살아 있다면, 그놈이 행복하게 되기를! 그럼, 안녕! (글로스터, 앞으로 몸을 던지고 그만 기절한다.)

에드거 - 아버지는 자기 자신이 낭떠러지에서 떨어져 죽었다고 생각하시겠지. (잠시 후 큰 소리로) 노인! 여보세요! 말 좀 해 보세요. 당신은 누구요?

글로스터 - 저리 가! 나를 죽게 내버려 둬.

에드거 - 까마득한 낭떠러지에서 떨어졌으면 당연히 박살이 났을 것 아니오. 그런데 이렇게 당신은 숨을 쉬고 피도 안 흘리고 말도 하고 멀쩡하구려. 당신은 새털이요, 공기요? 생명을 건진 건 기적이오.

글로스터 - 대체 내가 떨어진 거냐, 떨어지지 않은 거냐?

에드거 - 떨어졌지요. 위를 쳐다보세요.

글로스터 - 나는 눈이 없어. 불행한 놈은 죽음으로써 불행을 면할 기회조차 없는 걸까.

에드거 - 부축해 드리죠. 자, 일어나세요. 어때요? 설 수 있군요. 기적이네요. 당신은 운이 좋은 사람입니다. 모든 일에 공정한 하느님은 인간이 할 수 없는 일들을 해서 존경을 받으시는데, 바로 그 신이 아저씨를 구한 겁니다.

글로스터 - 그래, 이제부터는 고통이 와도 꾹 참아야지. (이 때 야생화로 관을 만들어 쓴 리어 왕 등장)

에드거 - 아, 저 모습. 가슴이 터질 것 같다.

글로스터 - 아, 이 목소리는 귀에 익은 음성이다.

리어 왕 - 아하, 거너릴! 흰 수염을 달고 있구나. 개처럼 알랑거리면서.

글로스터 - 폐하가 아니실까?

리어 왕 - 그렇다. 나는 왕이다. 내가 노래하면 신하들이 벌벌 떤다. 네 죄는 뭐냐?

글로스터 - 폐하, 저를 알아보시겠습니까?

에드거 – (방백) 이런, 도저히 믿을 수 없어. 왕이 이렇게 되시다니. 아, 심장이 터질 것 같군.

리어 왕 – 아, 자네! 자네는 유리눈이라도 해 넣지 그래. 그리고 보이지 않는 것도 보이는 척해 봐. 너는 글로스터지. 네게 일러 줄 테니, 잘 들어 봐. 사람이 태어날 때 우는 것은, 바보들만 있는 이 세상이라는 무대에 나오는 것이 슬퍼서 그런 거야.

글로스터 – 아, 슬프도다.

기사, 시종들을 데리고 등장.

기사 – 오, 여기 계시군. 폐하, 공주님께서…….

리어 왕 – 나는 운명의 장난으로 이 세상에 태어났구나. 의사를 불러 와. 머리가 아파.

기사 – 무엇이든 분부대로 하겠습니다.

리어 왕 – 나는 화려한 옷을 입고 죽을 테야. 말쑥한 신랑 같이. 나는 국왕이다.

기사 – 네, 국왕이십니다. 분부만 내리십시오. 분부대로 하겠습니다.

리어 왕 – 그래, 그럼 난 아직도 살아 있구나. 자, 잡을 테면 잡아 봐. (리어 왕 뛰어나가며 퇴장, 시종들도 뒤따라 퇴장)

기사 – 미천한 사람도 저렇게 되면 불쌍한 법인데 하물며 국왕이시니. 두 따님이 천륜을 어겼지만 다행히 막내따님이 그 저주를 씻어 줄 것입니다.

에드거 – 안녕하십니까?

기사 – 안녕하시오. 그런데 무슨 일이오?

에드거 – 혹시 전쟁 소문을 못 들었습니까?

기사 – 그건 누구나 다 알고 있는 일이오.

에드거 – 저쪽 군사는 어디까지 왔습니까?

기사 – 거의 다 왔습니다. 주력부대까지 출전했다고 하오. 특별한 이유로 왕비께서 여기 계시지만 군대는 출동을 했습니다.

에드거 – 고맙습니다. (기사 퇴장)

글로스터 – 자비하신 신이여, 당신들이 원하시는 때에 제 목숨을 거두어 주십시오. 제발 자살하지 않게 하시옵소서.

에드거 – 아저씨, 잘 생각하셨습니다. 좋은 기도를 드리셨습니다.

글로스터 – 너는 누구냐?

에드거 – 전혀 쓸모 없는 사람입니다. 온갖 슬픔을 경험했기에 남의 불행도 슬퍼하지요. 쉴만한 곳으로 안내해 드리겠습니다.

글로스터 – 고맙네. 하느님의 은총과 축복이 있기를!

오즈왈드 등장.

오즈왈드 – 현상수배 붙은 놈이구나. 난 역시 재수가 좋은걸. 이 불행한 늙은 반역자! 빨리 네 죄가 무엇인지 생각하고 죽음을 각오해라. 칼을 뺐다. 네 목숨은 이제 나의 것이다.

글로스터 – 기쁘게 내 목숨을 주겠소. 자, 힘껏 힘을 주어 나를 찌르시오. (오즈왈드가 찌르려고 할 때 에드거가 나타나서 막는다.)

오즈왈드 – 이 무례한 놈아, 비켜라!

에드거 – 못 놓겠다.

오즈왈드 – 놓지 않으면 네 목숨은 끝이다.

에드거 – 안 돼. 이 노인 옆에는 못 가. 저리 비켜라!

오즈왈드 – 뭐라구, 이 쓰레기 같은 놈아! (두 사람이 싸운다.)

에드거 – 자, 덤벼라. (에드거가 오즈왈드를 때려눕힌다.)

오즈왈드 – 네놈 손에 내가 죽는구나. 이 돈주머니를 받아라. 내 시체를 묻어 주라. 그리고 이 편지를 에드먼드에게 전해 줘라. 영국 군 진영에 가서 찾으면 된다. 아! 나는 이렇게 죽는구나. 이렇게…….

글로스터 - 뭐, 그놈이 죽었나?

에드거 - 아저씨는 거기 앉아서 쉬십시오. 편지를 읽어 봐야 하겠습니다. (편지를 뜯어 읽는다.) '우리가 맹세한 것을 잊지 마세요. 내 남편을 없앨 기회는 많을 거예요. 당신의 결심 하나로 그 시기와 장소가 곧 결정될 거예요. 만일 내 남편이 승리하면 모든 것은 수포로 돌아갑니다. 그리고 나는 죄인이 됩니다. 당신을 남편처럼 그리워하는 거너릴이.' ……오 이런, 거너릴 공주가 자기 남편을 배반하다니. 자기 남편의 목숨을 빼앗고 내 동생을 남편으로 맞이하려는 흉계구나. 때가 되면 이 편지를 공작님께 보여 드려야지.

글로스터 - 폐하께서는 실성하셨는데 하찮은 내 목숨은 어찌 이렇게도 모질단 말이냐. 차라리 나도 미쳐 버렸으면……. 그러면 슬픔도 불행도 느끼지 못할 텐데.

제7장 프랑스 진영 내의 천막

코델리아, 켄트, 시의, 기사 등장.

코델리아 - 켄트 백작님, 저는 어떻게 해야 백작님의 충성에 보답할 수 있을까요?

켄트 - 과분한 말씀이십니다.

코델리아 - 이제 옷을 갈아입으세요. 그 옷은 백작에게 어울리지 않습니다.

켄트 - 아직은 옷을 벗을 때가 아닙니다. 저의 정체가 드러나면 모처럼의 계획이 틀어집니다. 적당한 시기가 올 때까지 저를 모르는 척해 주십시오.

코델리아 - 알겠습니다. (의사에게) 아버님은 좀 어떤가요?

시의 – 계속 주무시고 계십니다.

코델리아 – 자식들의 불효 때문에 얻은 아버지의 마음의 큰 상처를 치료해 주십시오.

시의 – 폐하를 깨워도 되겠습니까? 오랫동안 주무셨습니다.

의자에 앉아 있는 리어 왕을 시종들이 모시고 나간다.

코델리아 – 설사 자기들의 아버지가 아니었어도 비바람에 떨고 있는 노인을 집 안에 들였어야 하거늘……. 아버님을 곰팡이냄새 나는 오두막에서 주무시게 하다니……. 이제 잠이 깨신 것 같군요. (리어 왕에게) 아버님, 어떠십니까? 아버님, 저를 알아보시겠습니까?

리어 왕 – 당신은 망령이야. 언제 죽었소?

코델리아 – 아버지는 아직도 정신착란이 심해요.

시의 – 아직 잠이 덜 깨셔서 그렇습니다.

리어 왕 – 내가 지금까지 어디 있었나? 여기는 어디지?

코델리아 – (무릎을 꿇으며) 아, 저를 보세요. (리어 왕이 무릎을 꿇으려고 한다.) 아니에요, 아버님. 무릎을 꿇으시면 안 돼요.

리어 왕 – 제발 나를 놀리지 마시오. 나는 어리석은 늙은 바보야. 당신을 알 것 같으면서도 모르겠어. 또 여기가 어딘지도 모르겠군. 그런데 이 부인은 내 딸 코델리아 같은데…….

코델리아 – 그렇습니다, 아버님. 제가 코델리아예요.

리어 왕 – 울지 말아라. 네가 독약을 준다 해도 나는 마시겠다. 너는 나를 학대해도 괜찮다. 나는 너에게 아무것도 주지 않고 시집보냈지 않았느냐?

시의 – 왕비님, 안심하십시오. 폐하의 정신착란은 어느 정도 진정되셨습니다. 그러나 왕에게 있었던 일들을 떠올리게 하면 위험합니다. 안으로 모십시오.

코델리아 - 안으로 들어가세요, 아버님.

리어 왕 - 나를 부디 용서해 주어라. 용서해 다오. (켄트와 기사만 남고 모두 퇴장)

기사 - 콘월 공작이 피살되었다는 게 사실입니까?

켄트 - 확실하오.

기사 - 그럼 그 분 군대의 지휘자는 누굽니까?

켄트 - 글로스터의 서자 에드먼드라고 합니다.

기사 - 듣자하니 추방당한 아들 에드거와 켄트 백작은 독일에 있다는 소문이 있던데.

켄트 - 소문을 믿을 수 있어야지요. 그런데 영국 군이 급속도로 진격해 오고 있다오.

기사 - 그럼 무사하기를 바랍니다. (기사 퇴장)

켄트 - 오늘 싸움의 성공 여부에 따라 내 목적은 어떻게든 결판이 나겠군. (켄트 퇴장)

제5막

제1장 도버 근처의 영국 군 진영

고수와 기수들을 선두로 에드먼드, 리건, 장교들, 병사들 등장.

에드먼드 - (한 장교에게) 공작에게 가서 일전의 결의에 변경이 없는지 알아보고 오너라. 그 후로 방침을 바꾸셨는지도 몰라. 공작은 변덕이 심하고 양심의 가책을 받고 있으니까. (장교 퇴장)

리건 - 언니의 하인인 오즈왈드는 살해된 모양이에요.

에드먼드 - 그럴지도 모릅니다.

리건 – 내가 당신에게 관심이 있다는 사실을 아시지요? 사실대로 말해 보세요. 당신은 언니를 사랑하고 있나요?

에드먼드 – 나는 공명정대한 사랑만 갖고 있습니다.

리건 – 하지만 당신은 형부 몰래 언니랑 침실에 들어가지 않았나요?

에드먼드 – 내 명예를 걸고 맹세하지만 절대 아닙니다.

리건 – 언니가 내 사랑을 빼앗아 가면 가만두지 않을 거예요. 언니하고 가까이 지내지 말아요.

에드먼드 – 염려 마십시오. 언니와 그의 남편 올버니 공작이 오십니다.

기수들을 앞세우고 올버니, 거너릴, 병사들 등장.

올버니 – 리건, 반갑소. (에드먼드에게) 그런데 국왕은 막내딸에게 가고 우리의 정치를 원망하는 일당도 따라갔다고 하오. 나는 공명정대한 사람이오. 프랑스 왕이 리어 왕과 그 일당들을 돕기 위해서가 아니라 침략하려는 것이기에 나는 싸움을 결정한 것이오.

거너릴 – 모두 합심해서 적을 무찔러요.

올버니 – 그럼 장교들과 작전 계획을 세워 봅시다.

에드먼드 – 그럼 곧 공작님의 막사로 가겠습니다.

리건 – 언니는 나하고 같이 가요.

거너릴 – 싫다. (방백) 네가 나와 에드먼드를 가까이 못하게 하려고 하는 구나.

모두 퇴장하려고 할 때 변장한 에드거 등장.

에드거 – 공작님께서 비천한 이 사람을 만나 주신다면 한 마디 올리겠습니다.

올버니 – (앞에 가는 사람들에게) 곧 뒤따라가겠소. 말해 봐라. (올버니와 에드거만 남고 모두 퇴장)

에드거 – 전투를 하시기 전에 편지를 읽어 보십시오. 만약 공작님께서 이기시면 나팔을 불어 이 편지를 가져온 저를 불러 주십시오. 이 편지의 내용이 사실이라는 것을 증명하겠습니다. 시기가 왔을 때 전령사를 통해 저를 부르십시오. 그 때 오겠습니다.

올버니 – 그럼 잘 가라. 편지를 꼭 읽어 보겠다. (에드거 퇴장)

에드먼드 등장.

에드먼드 – 적군이 나타났습니다. 적의 병력과 군비에 관한 보고서가 여기 있습니다. (편지를 준다.)

올버니 – 곧 출전하겠소. (올버니 퇴장)

에드먼드 – 언니와 동생 모두에게 부부가 될 것을 약속해 놓았어. 어느 쪽을 택할까? 과부를 선택하면 언니 거너릴이 미쳐 버릴 거야. 거너릴의 남편은 살아 있으니 그냥 포기할까? 아니야. 일단 전쟁에 그 남편의 위력을 이용하고 전쟁이 끝나면 그 남편을 해치워야지. 그 사람은 리어 왕과 코델리아를 살려 줄 모양이지만, 전쟁이 끝나고 부녀가 포로가 되었을 때 사면되기 전에 처치하겠어. 지금 내 입장에서는 이 길밖에 없어. (에드먼드 퇴장)

제2장 양군 진영 사이의 평야

프랑스 군 등장. 코델리아가 리어 왕의 손을 잡고 등장하여 다시 무대를 가로질러 퇴장. 에드거가 글로스터의 손을 이끌고 등장.

에드거 – 자, 아저씨. 이 나무 아래서 쉬고 계세요. 그리고 리어 왕 편이 이기게 기도해 주세요. 만일 무사히 다시 돌아오면 기쁜 소식을 갖고 올게요.

글로스터 – 신의 가호가 있기를. (에드거 퇴장)

안에서 경보와 퇴각의 나팔 소리. 에드거 등장.

에드거 - 아저씨, 도망쳐요. 어서 제 손을 잡으세요. 도망가요. 리어왕은 싸움에 지고 코델리아 공주님은 포로가 되었어요.

글로스터 - 안 가겠다.

에드거 - 아니, 또 나쁜 생각을 하시나요? 사람은 태어날 때 뜻대로 태어나지 않았듯이 죽을 때도 마찬가지입니다. 자, 가십시오. (두 사람 퇴장)

제3장 도버 근처의 영국 군 진영

승리한 에드먼드 등장. 포로가 된 리어 왕과 코델리아 등장. 부대장과 병사들 등장.

에드먼드 - 너희들은 이 포로들을 끌고 가라. 명령이 있을 때까지 철저히 감시해라.

코델리아 - 최선을 다하고도 이런 최악의 일을 당하다니. 언니들을 한번 만나 보시겠어요?

리어 왕 - 아니, 그냥 감옥으로 가자. 감옥에서 이 나라가 돌아가는 일을 듣자. 누가 득세하고 누가 등용되고 누가 쫓겨나는지 그냥 듣자.

에드먼드 - 이 두 사람을 데리고 나가라. (리어 왕과 코델리아 퇴장) 부대장, 이 편지를 가지고 감옥까지 두 사람의 뒤를 따라가라. (편지를 준다.) 너를 한 계급 승진시켜 주겠다. 이 편지의 내용을 실행한다면 네 앞길은 훤하게 트일 것이다. 명심해라. 사람은 세상의 변화에 따라 움직여야 한다. 군인에게는 인정은 어울리지 않는다. 어때, 수락하겠느냐?

부대장 - 명령대로 하겠습니다.

에드먼드 - 그럼 곧 착수해라.

부대장 - 무슨 일이든 다 하겠습니다. (부대장 퇴장)

나팔 소리, 올버니, 거너릴, 리건, 병사 등장.

올버니 - (에드먼드에게) 귀하의 용맹을 확실히 증명하셨소. 그리고 리어 왕과 공주를 포로로 삼은 것은 대단한 공이요. 이 두 사람은 공명하게 처리해 주시오.

에드먼드 - 저는 노왕을 적당한 곳에 유폐하여 감시병을 붙여야 한다고 생각했습니다. 어리석은 국민들은 왕을 동정하고 있습니다. 우리 군인들조차도 지휘자인 우리들에게 창을 던지려고 합니다. 그래서 노왕과 프랑스 왕비를 같이 가두어 놓았습니다. 코델리아와 왕의 문제는 다른 곳에서 의논하는 것이 좋겠습니다.

올버니 - 너무 앞서간다고 생각하지 않소? 나는 당신을 나의 부하로 생각하지, 형제로 생각하지는 않았소. 부하답지 않은 행동이오.

리건 - 에드먼드는 군대를 지휘하고 저의 지위와 신분을 위임받았어요. 그러니 당연히 올버니 공작과는 형제나 다름없어요.

거너릴 - 리건, 네게서 그런 자격을 위임받지 않아도 에드먼드는 자기 능력으로 그 지위에 올라갈 수 있어.

올버니 - 하긴 그렇게 되겠지요. 당신의 남편이 된다면.

거너릴 - 에드먼드가 네 남편이 된다고?

리건 - (에드먼드에게) 장군, 나는 당신에게 부하 장병과 포로와 상속 재산을 모두 바치겠어요. 지금 이 자리에서 당신을 나의 남편, 나의 주인으로 선언합니다.

거너릴 - 네 맘대로 될 줄 아니?

리건 - (에드먼드에게) 자, 내가 당신 것이 됐다고 증명하세요.

올버니 - 잠깐, 기다려. 얘기할 게 있다. 에드먼드, 너를 대역죄인으로 체포하겠다. 또한 이 금빛의 독사 거너릴도. 리건, 내 아내는 이미 에드먼드와 재혼할 약속을 했소. 그러니 나는 그녀의 남편으로서 당신의 결혼을 반대하오. 에드먼드, 아직도 무장을 하고 있구나. 나팔을 불어라. 네놈의 염통을 도려내 네 악한 일을 증명할 테다.

에드먼드 – 나를 반역자로 부르는 놈이 대체 어떤 놈이냐? 나팔을 불어서 불러 내라. 나를 모독하는 그놈을 가만두지 않겠다. 나의 결백을 확실하게 나타낼 것이다.

올버니 – 전령사!

리건 – 아, 가슴이 아파.

거너릴 – (방백) 흥, 당연히 아파야지. 그렇지 않으면 약효가 없는 것이니.

올버니 – 환자가 생겼군. 내 막사로 데리고 가라.(리건, 부축을 받으며 퇴장)

전령사 등장.

올버니 – 전령사! 이리와! (대장에게) 나팔을 불게 하라. (전령사에게) 자, 이것을 읽어라. (나팔 소리)

전령사 – '에드먼드 글로스터 백작이 갖가지 대죄를 범한 자라는 것을 결투로써 증명할 자는 세 번째 나팔 소리가 날 때까지 출두하라. 에드먼드는 칼을 가지고 증명한다고 함.' 불어라! (첫 번째 나팔 소리) 또 불어라. (두 번째 나팔 소리) 또 불어라. (세 번째 나팔 소리. 안에서 대답하는 나팔 소리)

무장한 에드거, 나팔수를 앞세우고 등장.

전령사 – 당신은 누구요? 이름이 뭐요? 또 무슨 이유로 이 부름에 응답했소?

에드거 – 이름을 말할 수 없습니다. 그러나 여기 칼을 맞대고 싸우려는 상대자 못지않은 귀족 출신입니다.

올버니 - 그 상대자는 누구냐?

에드거 - 에드먼드라는 사람은 누구냐?

에드먼드 - 바로 나다. 할 말이 뭐냐?

에드거 - 칼을 빼라. 네놈은 모반자다. 신과 형과 아버지를 배반하고 올버니 공작의 목숨을 노리는 놈이다.

에드먼드 - 결투를 하려면 당연히 이름을 물어 봐야겠지만 보아하니 너는 의젓하고 용감하고 어딘지 명문 출신 같구나. 기사도 예법대로라면 거절해도 되지만 그렇게 하기는 싫다. 모반자라는 오명을 네 머리에 되던져 주겠다. 나팔을 불어라. (나팔 소리. 두 사람이 싸우고 잠시 후 에드먼드 쓰러진다.)

올버니 - 잠깐, 죽이지 마라.

거너릴 - 이건 음모예요. 이름을 밝히지 않은 상대에게 응할 의무는 없어요.

올버니 - 입 닥쳐! 더 입을 놀렸다가는 이 편지로 입을 틀어막겠다. 네 죄상을 읽어 봐. 어때, 네가 쓴 편지가 맞지?

거너릴 - 그러면 어때요? 국법은 내 것인데. 나는 이 나라 왕의 큰딸이에요. 누가 나를 고발할 수 있나요? (거너릴 퇴장)

올버니 - 뒤따라가라. 반쯤 미쳐서 이야기하는구나. (장교 한 사람 퇴장)

에드먼드 - 네가 열거한 죄목은 내가 저지른 죄가 맞다. 이 외에도 많지만 세월이 지나면 다 알게 될 것이다. 그런데 나를 이긴 이 행운아는 누구냐? 문벌이 있는 사람이라면 용서하겠다.

에드거 - 서로 용서하자. 에드먼드, 나는 에드거이고 너의 형이다.

올버니 - (에드거에게) 어쩐지 자네를 보고 고귀한 가문 출신이라는 것을 알 수 있었지. 자, 이 가슴에 안기게. 나는 자네와 자네 아버지를 사랑했었지. 지금까지 어디에 숨어 있었는가?

에드거 - 이야기를 다 하면 가슴이 터져 버립니다. 저는 일부러 미치광이가 되어 거지로 변장을 했지요. 그러다 우연히 아버님을 만났는데 두 눈을 막 잃고 난 후였지요. 그 후로 그 분의 길잡이가 되었습니다. 제가 누구인지 말씀 드리지 않았습니다. 지금 생각하니 큰 잘못이었습니다. 그런데 이 결투를 이길 것이라고 생각하면서도 어딘지 불안해서 부친께 축복을 구하고 지금까지의 일을 말씀 드렸습니다. 그랬더니 이미 금이 가 있는 부친의 심장은 기쁘면서도 슬픈 감정에 충격을 받았습니다. 그리고는 빙그레 웃으며 숨을 거두셨습니다.

올버니 - 이런……. 더 이상 말하지 말게. 너무 슬퍼서 눈물이 쏟아질 것 같네.

에드거 - 슬픔을 싫어하는 사람에게는 이것이 끝인 것처럼 보이겠지만 또 하나의 이야기가 있습니다. 아마 이 이야기를 들으면 더 슬플 겁니다. 아버지가 돌아가시고 제가 통곡을 하고 있는데 누가 나타났습니다. 이 분은 제가 미친 거지로 변장을 했을 때 보았던 분이었지요. 그 사람은 저의 부친 시신 위에 엎드려 통곡을 하면서 리어 왕이 당한 이야기를 했습니다. 나는 그 이야기에 생명이 끊어지는 것같이 슬펐습니다. 그 때 두 번째 나팔 소리가 났습니다. 그래서 그 분이 실신했음에도 이 곳으로 나왔습니다.

올버니 - 그 분은 대체 누구지?

에드거 - 켄트 백작입니다. 변장을 하고 자기를 내쫓은 국왕을 따라와 시중을 들었던 것입니다.

기사, 피가 묻은 단검을 들고 등장.

기사 - 큰일났습니다.

에드거 - 무슨 일인가?

기사 - 아직도 따뜻하고 김이 납니다. 지금 막 가슴에서 뽑아왔습니다. 거너릴 아씨가 돌아가셨습니다. 그리고 리건 공주는 언니 거너릴에게 독살당했습니다. 아씨가 그렇게 자백했습니다.

에드먼드 - 오, 나는 두 사람에게 부부가 되기로 약속했는데 이제는 셋이 다 함께 있겠구나.

에드거 - 켄트 백작이 오는군요. (켄트 등장)

올버니 - 아, 켄트 백작!

켄트 - 폐하께 작별 인사를 하러 왔습니다. 어디에 계십니까?

올버니 - 아, 이런. 큰일을 잊고 있었군. 이봐, 에드먼드. 폐하는 어디에 계시는가? 코델리아 공주는? (하인이 거너릴과 리건의 시체를 운반해 온다.) 켄트 백작, 저걸 보십시오.

켄트 - 아니, 이게 무슨 일입니까?

에드먼드 - 나 때문에 언니는 동생을 독살하고 자살을 했소.

올버니 - 시체의 얼굴을 덮어라.

에드먼드 - 아아, 숨이 가빠오는구나. 나는 원래 악인이지만 죽기 전에 좋은 일을 하고 싶소. 섬으로 속히 사람을 보내시오. 급히! 리어 왕과 코델리아를 죽이라는 명령을 했소. 빨리 가시오

올버니 - 뛰어가라. 어서, 빨리!

에드거 - (에드먼드에게) 누가 명령을 했소? 명령을 취소할 증거를 줘라.

에드먼드 - 이 칼을 가지고 가서 부대장에게 주시오.

올버니 - 빨리 가라. 목숨을 걸고. (에드거 퇴장)

에드먼드 - 당신의 부인과 내가 명령을 내렸습니다. 코델리아를 감옥에서 교살하고 자살한 것처럼 위장해 놓으라고.

올버니 - 아아, 신이여. 보살펴 주옵소서. 여봐라, 이 사람을 데리고 나가라. (시종들 에드먼드를 데리고 퇴장)

리어 왕이 죽은 코델리아를 두 팔에 안고 등장. 부대장과 여러 사람 뒤따라 등장.

리어 왕 - 울부짖어라, 울부짖어라. 이 애는 죽었다.

켄트 - 아, 이것이 세상의 종말인가. ……폐하!

리어 왕 - 저리로 가라.

에드거 - 폐하의 충신 켄트 백작입니다.

리어 왕 - 코델리아, 코델리아! 아니, 말을 하나? 이 애의 목소리는 언제나 부드러웠지. 너를 목졸라 죽인 그놈을 내가 죽여 버렸다.

에드거 - 그렇습니다. 폐하께서 그렇게 하셨습니다.

켄트 - 폐하의 신하 카이어스는 어디에 있습니까?

리어 왕 - 그놈은 좋은 놈이야. 아주 날쌔고 칼을 잘 다루지. 놈도 죽어서 썩어 버렸어.

켄트 - 아닙니다. 제가 바로 그 카이어스입니다. 모든 것이 쓸쓸하고 암담합니다. 따님 두 분은 스스로 목숨을 끊어 최후를 마치셨습니다.

올버니 - 폐하는 지금 아무도 알아보지 못하는 모양이오.

에드거 - 네, 소용없는 일입니다.

부대장 등장.

부대장 - 에드먼드 님이 돌아가셨습니다.

올버니 - 이런 때에 그런 일은 대단하지 않아. 귀족이며 나의 친구인 에드거와 켄트 백작은 나의 뜻을 알아 주십시오. 리어 왕은 제가 보호하며 지켜 드리겠습니다. 노왕이 생존해 계시는 동안 나의 통치권을 양도하겠습니다. (에드거와 켄트에게) 그리고 두 분께는 원래 갖고 계시는 권리 외에도 이번의 공훈에 충분히 보답할 영예와 특권을 드리겠습니다.

리어 왕 - 내 귀여운 딸이 죽었어. 너는 이제 영영 돌아올 수 없는 길을 떠났구나.

에드거 - 폐하가 기절하셨습니다. 폐하, 폐하! 기운을 내십시오.

켄트 - 폐하의 영혼을 괴롭히지 마시오. 편안히 마지막 길을 가시도록 놔두시오.

에드거 - 운명하셨군요.

켄트 - 용케 지금까지 잘 견디신 것입니다.

올버니 - 온 백성이 슬픔을 당했소. 온 백성은 상복을 입어야 하오. (켄트와 에드거에게) 나의 벗인 두 분은 이 영토를 다스리시고 이 난국을 구해 주시오.

켄트 - 나는 돌아오지 않을 여정을 떠나야 합니다. 나의 주인인 폐하께서 부르시니 거절할 수 없습니다. 폐하를 따라가겠습니다.

에드거 - 이 비통한 시대를 우리는 달게 받아야 합니다. 가장 연로하신 분이 가장 많이 참으셨습니다. 우리 젊은이들은 그 분만큼 고생하지 않을 것입니다. 그리고 그 분만큼 오래 살지도 못할 것입니다. (왕의 시체를 운반해 간다. 모두 퇴장. 장송곡이 흐른다.)

오 셀 로

제1막

제1장 베니스의 거리

로더리고와 이야고 등장.

로더리고 – 여보게, 이야고. 자네는 이 일을 다 알고 있을 것 아냐.

이야고 – 전혀 모른다니까. 제기랄! 내가 꿈에라도 그 일을 알고 있었다면 나를 미워하게나.

로더리고 – 자넨 그자를 미워한다고 했지?

이야고 – 당연하지. 장안의 세도가가 세 분이나 일부러 찾아가 나를 그 녀석의 부관으로 천거했지. 나야 부관 자격이 충분한 사람이니까. 그런데 그 작자는 온통 군사용어를 쓰며 나를 단번에 거절하더라는 거야. '부관은 결정됐소.' 하고. 그런데 그 부관이 누군지 아나? 전술가 마이클 캐시오야. 그자는 실전 경험도 없고 병력 배치법도 모르는 사람이라고. 그런 놈이 발탁되다니……. 그러니 내가 그 무어인을 좋아할 리 있겠어? 내가 그자를 따르는 데는 속셈이 있어. 보이는 데서 굽실거려서 나중에 큰 이득을 얻기 위해서지. 내가 그 무어인한테 충성을 다하는 것은 가면이야. 그 여자의 아버지를 부르게나. 그리고 무어인을 뒤쫓아가서 깨우고.

로더리고 – 이게 바로 그 여자 아버지의 집이야. 어디 불러 볼까?

이야고 – 요란스럽게 불러 봐. 불이 난 것처럼 말야.

로더리고 – 부러밴쇼! 부러밴쇼!

이야고 – 일어납쇼! 도둑이야! 집 안을 둘러봅쇼! 따님과 돈뭉치를 찾아보십쇼.

부러밴쇼, 2층 창문에 나타난다.

부러밴쇼 – 왜 이렇게 사람을 깨우고 야단이야? 대체 무슨 일이야?

이야고 – 문단속은 잘 하셨나요? 댁에 도둑이 들었어요. 일어나십시오. 어서 종을 울려서 잠자는 시민들을 깨우십시오. 안 그러면 악마의 피가 흐르는 외손자를 보게 됩니다.

로더리고 – 저를 아시겠습니까? 로더리고입니다.

부러밴쇼 – 이런 괘씸한 놈! 우리 집 근처에는 얼씬하지 말라고 했잖아. 내 딸을 줄 수 없다고 내가 말했지. 우리 집에 도둑이 들었다고? 여긴 베니스야. 내 집은 들판에 있는 외딴집이 아니라고.

이야고 – 이런, 우리는 당신을 도우려고 하는데 우리를 불한당 취급을 하시는군요. 지금 각하의 딸이 무어놈한테 안겨 있습니다. 아름다운 따님이 지금 떠돌이 외국인과 있습니다. 집 안에 따님이 있는지 확인해 보십시오.

부러밴쇼 – 불을 켜라! 모두 깨워! 꿈자리가 사납더니 이런 일이 일어났군. (부러밴쇼 퇴장)

이야고 – 그럼 안녕히. 무어인과 적수가 되었다간 내 입장이 난처해지니까. 사이프러스에서는 전쟁이 벌어졌겠지. 이 전쟁도 그놈이 맡지. 일을 감당할 만한 인물이 아무도 없으니 말야. 그럼, 난 가네. (이야고 퇴장)

부러밴쇼와 횃불을 든 하인들, 아래층 입구에 등장.

부러밴쇼 – 야단났군, 야단났어. 딸이 없어졌어. 로더리고, 내 딸을 어디서 봤지? 우리 딸이 무어인하고 같이 있다고? 아비를 감쪽같이 속이다니. 결혼을 한 것 같던가?

로더리고 – 예, 그런 것 같더군요.

부러밴쇼 – 혈육을 배반하다니. 젊은 처녀의 마음을 흔들어 놓는 마약이 있는 모양이지. 이럴 줄 알았으면 자네를 사위로 삼을걸. 로더리고, 어디로 가면 딸년과 무어인을 잡을 수 있나? 어서 안내하게. (모두 퇴장)

제2장 다른 거리

오셀로, 이야고, 횃불을 든 수행원들 등장.

이야고 – 전쟁에서 사람을 죽이기도 했지만 모살만은 양심이 허락하지 않습니다. 전 악당이 아니라 손해를 보기도 하죠. 놈의 늑골을 쿡 찔러 줄까 하고 몇 번이나 생각했습니다.

오셀로 – 잘했네.

이야고 – 그놈은 장군의 욕을 했습니다. 저는 겨우 참았습니다. 참, 결혼은 하셨습니까? 아시다시피 그 분이 장군님의 결혼을 취소하거나 국법 안에서 무슨 짓을 할지도 모릅니다.

오셀로 – 맘대로 하라지. 지금까지 말하지 않았지만 이제 말할 때가 되었군. 나는 왕족의 혈통을 받은 사람이야. 그런데 저 횃불은 뭔가?

이야고 – 잠을 깬 아버지와 그 일당들입니다. 숨는 게 좋겠습니다.

오셀로 – 아니, 숨지 않겠어. 당당히 행동해야지.

캐시오와 횃불을 든 몇 명의 관리 등장.

오셀로 – 베니스 공의 부하들과 내 부관이군. 한밤에 수고들 하네.

그런데 무슨 일인가?

캐시오 - 공작님이 장군님을 급히 모시고 오라는 분부입니다.

오셀로 - 무슨 사건이 있나?

캐시오 - 긴급한 일인가 봅니다. 의원들은 거의 다 공작 저택에 집합했습니다.

오셀로 - 만나서 잘 됐네. 나는 잠깐 안에 들어갔다 오겠네. 그러고 나서 같이 가세. (안으로 들어간다.)

캐시오 - 여보게, 장군은 여기서 뭘 하고 계신가?

이야고 - 장군님은 오늘 밤 결혼하셨다네.

캐시오 - 누구와?

오셀로 다시 등장.

이야고 - 저……. 아, 장군님. 가 보실까요?

오셀로 - 자, 가세.

캐시오 - 다른 패가 찾으러 옵니다.

이야고 - 부러밴쇼예요. 장군님, 주의하십쇼.

부러밴쇼, 로더리고, 횃불과 무기를 든 관리들 등장.

오셀로 - 거기 섯!

로더리고 - 각하, 무어놈입니다.

부러밴쇼 - 때려눕혀라. 저 도둑놈을. (쌍방이 칼을 빼든다.)

오셀로 - 의원 각하, 당신 정도면 무기를 쓰지 않아도 될 텐데.

부러밴쇼 - 이 더러운 도둑놈! 내 딸을 어디에다 감췄나? 내 딸을 마술로 호려낸 놈! 마술로 호리지 않고서야 어떻게 내 딸이 이 나라 귀공자와의 결혼을 마다하고 너한테 시집을 갔겠느냐? 법정에서 너의 죄를 밝힐 테다. 저놈을 결박해 감옥에 가둬라!

오셀로 - 내게 손대지 마. 지시는 받지 않는다. 내가 가서 자초지종을 설명하겠다. (부러밴쇼에게) 어디로 갈까요? 각하께서 내게 이렇게 하는 것을 베니스 공께서 양해하실까요? 긴급한 일이 벌어졌는데 저를 감옥에 가두는데도요?

관리 - 그건 사실입니다. 각하, 공작께서는 회의를 소집하셨습니다.

부러밴쇼 - 뭐, 회의를 소집하셨다고! 이 밤중에! 저놈을 묶어. 공작이나 동료 의원들도 내가 당한 일을 남의 일로 여기시지 않을걸. 이런 불법이 활개치는 것을 용서하지 않을 거야. (모두 퇴장)

제3장 회의실

공작과 의원들이 탁자에 둘러앉아 있고, 관리 몇 명이 대령하고 있다.

공작 - 이 정보들은 도저히 믿지 못하겠군.

의원 1 - 일관성이 없습니다. 보고하는 것마다 적의 함대의 병력이 다릅니다.

의원 2 - 착오가 있을 수 있습니다. 하여간 터키 함대가 사이프러스로 진격하고 있는 것은 틀림없습니다.

공작 - 그렇소. 숫자에 착오가 있다고 해서 안심할 수는 없소.

수병 등장.

공작 - 무슨 일인가?

수병 - 터키 함대가 로즈 섬을 향해 항해 중입니다.

의원 1 - 그럴 리가 없습니다. 우리를 헷갈리게 하기 위해 위장한 게 아닐까요? 사이프러스 섬은 터키에게는 요지입니다. 터키 군이 쉽고 유익한 공략을 포기하고 이런 모험을 하리라고 생각할 수 없습니다.

공작 - 확실히 로즈 섬이 목표는 아닌 듯하오.

사자 등장.

사자 – 로즈 섬으로 가던 터키 함대가 그 섬 부근에 있는 후속 함대와 합류했습니다.

의원 – 음, 내 그럴 줄 알았지. 후속 함대는 몇 척이나 되던가?

사자 – 30척 정도입니다. 지금 사이프러스를 향해 출동하기 시작했습니다.

공작 – 음, 사이프러스가 목표란 말이지?

의원 – 부러밴쇼 장군이 오십니다. 오셀로 장군도 같이.

부러밴쇼, 오셀로, 로더리고, 관리들 등장.

공작 – 오셀로 장군, 터키 격퇴의 임무를 맡아 주시오. (부러밴쇼에게) 잘 오셨소. 귀하의 도움을 얻고 싶었던 참이오.

부러밴쇼 – 저 역시 공작 각하의 도움을 받고 싶습니다.

공작 – 무슨 일이 있었소?

부러밴쇼 – 딸년이! 딸년이!

모두 – 죽기라도 했나요?

부러밴쇼 – 저에게는 죽은 거나 마찬가지지요. 딸년이 농락을 당했습니다. 마술과 마약으로 말입니다. 그렇지 않고서야 이렇게 터무니없는 실수를 할 수가 없습니다.

공작 – 그놈이 어떤 놈입니까? 귀하의 예쁜 딸의 마음을 속여서 꾀어간 놈은 극형에 처하시오.

부러밴쇼 – 감사합니다. 바로 이 무어인이 범인입니다. 터키 군의 출병으로 특수 임무가 있는 모양입니다만.

공작 – (오셀로에게) 해명해 보시오.

오셀로 – 여러분, 제가 이분의 따님을 꾀어 낸 것은 사실입니다. 결혼도 했습니다. 내 죄목은 그것뿐입니다. 여러분께서 저의 말을 들어 주신다면 지금까지 있었던 일을 솔직하게 말씀드리겠습니다.

부러밴쇼 - 조용하고 단정하고 수줍음 많은 내 딸이 이런 자를 사랑할 리가 없습니다. 티끌만한 흠도 없는 여자애가 악마의 장난이 아니고서야 이런 해괴한 일을 저지르겠습니까? 그러니 마음을 교란시키는 무슨 약이나, 마술로 우리 딸을 농락했을 것이 분명합니다.

공작 - 단정짓지 마시오. 추측으로 죄인 취급을 할 수는 없습니다.

의원 1 - 오셀로 장군, 말씀해 보시오. 당신이 정말 비열하게 부러밴쇼 장군의 딸을 유혹했소?

오셀로 - 그럴 것 없이 이 분의 딸을 불러 물어 보시오. 데스데모나의 말을 들어 보고, 내가 부당한 일을 했다면 내 지위를 박탈하고 저에게 사형을 선고해도 좋습니다.

공작 - 부러밴쇼의 딸, 데스데모나를 불러 와.

오셀로 - 데스데모나가 올 때까지 저와 그녀 사이에 있었던 일들을 들려 드리겠습니다. 어떻게 내가 그녀의 사랑을 얻고 그녀가 나를 사랑하게 되었는지를.

공작 - 어서 말해 보시오, 오셀로 장군.

오셀로 - 그녀의 아버지는 저를 사랑했습니다. 그래서 저를 불러 저의 경력을 묻곤 했지요. 저는 어린 시절부터 제가 겪었던 일들을 이야기했습니다. 전쟁, 승리 등을 말입니다. 그런 이야기를 하면 데스데모나도 열심히 들었습니다. 하지만 그녀는 뜨문뜨문 내 이야기를 들었을 뿐, 저의 전 생애를 알지 못했지요. 그러다가 어느 날, 저에 관한 모든 이야기를 해 준 적이 있습니다. 이야기가 끝나자 그녀는 눈물을 흘렸습니다. 그러면서 자기가 남자로 태어난다면 저처럼 용기있게 살고 싶다고 했습니다. 그리고 이런 말을 했습니다. 혹시 내 친구 중에 자기를 좋아하는 남자가 있다면 오셀로 장군님 같은 경험담을 이야기해 달라고 말입니다. 그러면 그 남자는 자기의 사랑을 얻을 수 있을 거라고 했습니다. 그 말을 듣고 저는 용기를 얻어서 그녀에게 사랑을 고백했습니다. 그래서 저는 그녀의 사랑을 얻을 수 있었습니다. 이것이 바로 제가 사용한 마술이고 마약입니다. 자, 데스데모나가 왔습니다. 직접 물어 보십시오.

데스데모나, 이아고, 시종들 등장.

공작 – 자네의 무용담을 들으면 내 딸도 자네에게 반하리라. 부러밴쇼, 이렇게 된 이상 오셀로를 사위로 인정합시다.

부러밴쇼 – 딸년의 말을 들어 봅시다. 자, 애야. 여러 어른들 앞에서 묻겠다. 너는 누구 말을 잘 들어야 하느냐?

데스데모나 – 아버지, 저한테는 두 가지 의무가 있습니다. 아버지는 저를 낳아 주시고 길러 주셨습니다. 저는 딸로서 아버지에게 복종해야 합니다. 하지만 여기 저의 남편이 있습니다. 어머니는 아버지를 외할아버지보다 소중히 생각하셨습니다. 그와 마찬가지로 이 딸도 오셀로님을 주인으로 섬기려 합니다.

부러밴쇼 – 이런 나쁜 년! 자식을 낳는 것보다 차라리 얻어다 기르는 것이 낫겠군. 오셀로 장군, 이렇게 된 바에야 이의 없이 내 딸을 주겠네. 제 일은 이제 끝났습니다, 공작 각하. 그리고 어서 국사를 진행시켜 주십시오.

공작 – 터키 군이 사이프러스를 향해 오고 있소. 오셀로 장군, 그 곳은 장군이 잘 알고 있을 거요. 장군이 가야 백성들이 안심을 하오. 그러니 수고스럽지만 신혼의 행복을 벗어던지고 적과 싸워 주시오.

오셀로 – 의원 여러분! 어서 달려가 터키 군을 소탕하겠습니다. 한 가지 말씀드릴 것은 제 아내를 부탁하겠습니다.

공작 – 그런 일은 장인에게 맡기지.

부러밴쇼 – 그렇게는 못합니다.

오셀로 - 저도 반대입니다.

데스데모나 - 저도 싫습니다. 아버지와 같이 살면서 아버지를 불편하게 해 드리고 싶지 않습니다. 공작님, 저의 소원을 들어주십시오.

공작 - 데스데모나, 소원이 뭔가?

데스데모나 - 제가 남편을 사랑하고 같이 살고 싶어한다는 것을 아십니다. 그러니 저는 남편을 전쟁터로 보내고 저 혼자 살고 싶지는 않습니다. 그러니 저도 남편과 함께 전쟁터로 가겠습니다.

오셀로 - 아내의 소원을 들어주십시오. 아내와 같이 있다고 해서 제가 중대한 국사를 등한시하지는 않을 겁니다.

공작 - 장군 맘대로 하시오. 사태가 긴박하니 급히 출발하시오.

오셀로 - 예, 그렇게 하겠습니다.

공작 - 내일 아침 아홉 시, 이곳에서 다시 모입시다. 오셀로 장군, 부하 한 명을 남겨 두고 가오. 그 편에 사령장을 전달하겠소.

오셀로 - 기수를 남겨 두겠습니다. 정직하고 성실한 사람입니다. 그 편에 보내주십시오.

공작 - 그렇게 하겠소. 그럼 내일 봅시다. (부러밴쇼에게) 이봐요, 사위는 겉모습은 검고 못생겼어도 훌륭한 인물이오.

의원 1 - 그럼 오셀로 장군, 잘 다녀오십시오. 데스데모나를 잘 보살피시오.

부러밴쇼 - 오셀로, 아내를 조심해. 아비를 속인 여자가 남편을 못 속이겠나?

오셀로 - 아내의 절개에 내 생명을 걸죠. (공작, 의원들, 관리들 퇴장) 데스데모나, 같이 이야기할 시간은 한 시간밖에 없구려. 게다가 뒤처리할 일도 있소. (오셀로와 데스데모나 퇴장)

로더리고 - 이야고!

이야고 – 웬일이야?

로더리고 – 나는 어떻게 해야 좋겠나? 물에 빠져 죽을까? 사는 게 고통일 바에야 살아 있는 게 무슨 소용이 있나. 죽는 게 상책이야. 내 힘으로는 어떻게 할 도리가 없어.

이야고 – 모든 일은 다 자기 책임이야. 우리 육체가 정원이라면 의지는 정원사라고 할 수 있지. 아무튼 무슨 일이든 모두 우리 의지에 달려 있지. 여보게! 정신차리게. 그런 짓은 생각지도 말게. 나는 자네와 우정을 약속한 사이, 마침 내가 도와줄 시기가 되었어. 데스데모나가 언제까지 무어놈을 좋아할 수야 없지. 무어인도 마찬가지고. 그놈은 언젠가 데스데모나를 뱉어 버릴 놈이야. 그러니까 돈을 준비해, 돈을. 어차피 지옥에 떨어질 생각이라면 투신자살보다야 이 방법이 근사하지. 떠돌이 야만인과 간사한 베니스 계집의 관계는 오래 가지 못해.

로더리고 – 그럼 내 부탁 하나만 들어주겠나?

이야고 – 문제없어. 내가 늘 말했잖아. 난 무어인이 싫다고. 그러니 우리 손을 잡고 원수를 갚세. 자네가 데스데모나를 꼬신다면 재미를 볼 것이고 나는 속이 시원해질 테니. 자, 어서 돈을 장만해. 그럼 내일 아침에 다시 이야기하자고.

로더리고 – 땅을 몽땅 팔아서 돈을 마련할 테야. (퇴장)

이야고 – 무어놈은 나를 철석같이 믿고 있어. 내 목표를 위해선 잘된 일이지. 캐시오는 미남이니 캐시오가 마님과 친하다고 오셀로에게 일러바쳐야지.

제2막

1장 사이프러스의 항구, 부두 근처

몬타노와 신사 두 사람 등장.

몬타노 - 바다에 무엇이 보이오?

신사 1 - 아무것도 안 보입니다. 풍랑이 심할 뿐입니다.

몬타노 - 하긴 육지에서도 대단한 바람이 불고 있소. 왜 터키 함대가 하나도 안 보일까?

신사 2 - 흩어진 모양입니다. 이렇게 성난 바다는 본 일이 없습니다.

몬타노 - 터키 함대도 항구에 들어가 풍랑을 피해 있는 것 같소. 이렇게 성난 바다에서 무사할 리가 없어.

신사 3 등장.

신사 3 - 전쟁은 끝났습니다. 이 폭풍우가 터키놈을 쳐부수고 적의 계획은 좌절되었습니다.

몬타노 - 뭐, 그게 정말이오?

신사 3 - 우리 용감한 오셀로 장군은 해상에 계신데, 사이프러스 수비의 전권을 위임받았다고 합니다.

신사 3 - 그런데 캐시오는 터키 함대의 전멸을 기뻐하면서도 오셀로 장군이 무사하기를 빌고 있습니다. 이 맹렬한 폭풍우 때문에 서로 헤어지게 되었다고 합니다.

몬타노 - 아무 일이 없어야 할 텐데. 자, 해안으로 갑시다. 오셀로 장군을 기다립시다.

캐시오 등장.

캐시오 - 군사적 요지인 이 섬을 지키는 용감한 당신이 오셀로 장군을 칭찬해 주시니 감사합니다. 신이여, 이 폭풍우 속에서 우리 장군을 보호해 주십시오.

몬타노 - 장군이 탄 배는 튼튼합니까?

캐시오 - 튼튼합니다. 선장도 경험이 많은 유능한 사람입니다. 그러니 틀림없이 안전하실 겁니다.

안에서 "배다, 배다." 하는 소리, 신사 4 등장.

캐시오 - 무슨 일이오?

신사 4 - 사람들이 배가 온다고 소리치고 있습니다.

캐시오 - 오셀로 장군이 틀림없습니다. (대포 소리가 들린다.) 가서, 도착한 사람이 누군지 확인해 주시오.

신사 2 - 그렇게 하겠습니다. (퇴장)

몬타노 - 그런데 장군은 결혼을 했습니까?

캐시오 - 매우 아름다운 부인과 했지요. 부인은 마음도 아름답습니다.

신사 2 다시 등장.

신사 2 - 장군의 기수, 이야고가 왔습니다.

캐시오 - 빨리 도착했군. 모진 바람, 거친 파도도 아름다운 것을 알아봤군. 그래서 천사와 같은 데스데모나를 무사히 통과시켜 주었군.

몬타노 - 데스데모나가 누구입니까?

캐시오 - 우리 장군님의 부인입니다. 용감한 이야고가 호위하고 있습니다. 우리가 예상한 것보다 일찍 도착하셨군요. 신이여, 이제는 오셀로 장군님을 보호해 주십시오.

데스데모나, 이밀리아, 이야고, 로더리고, 시종 등장.

캐시오 - 사이프러스의 여러분, 장군 부인께 인사 드리시오. 부인,

무사히 오신 것을 환영합니다.

데스데모나 - 감사합니다. 캐시오 부관, 장군이 어떻게 되셨는지 아시나요?

캐시오 - 아직 도착하시지 않았습니다. 그러나 곧 무사히 도착하실 겁니다.

데스데모나 - 어떻게 오셀로 장군님만 떨어지게 되었어요?

캐시오 - 사나운 풍랑 때문입니다. (안에서 "배다, 배다!" 하는 소리와 대포 소리)

신사 2 - 배가 오고 있습니다. 우리 쪽 배입니다.

캐시오 - 가서 알아보시오. (신사 2 퇴장) 기수, 잘 왔소. (이밀리아에게) 부인도 잘 오셨소. 부인, 걱정하지 마십시오. 장군님은 무사할 겁니다.

이야고 - (방백) 저놈이 여자의 손을 만지는구나. 귓속말도 하는구나. 눈웃음으로 알랑거리는군. 잘한다. (안에서 나팔 소리) 오셀로 장군이다. 그 분의 나팔이다!

오셀로 등장.

오셀로 - 아, 어여쁜 나의 아내!

데스데모나 - 그리운 오셀로!

오셀로 - 당신이 여기 있으니 얼마나 반가운지 모르오.

이야고 - (방백) 지금은 장단이 잘 맞는군. 하지만 두고 봐라. 내가 두 사람의 사이를 갈라 놓을 테니.

오셀로 - 자, 성으로 갑시다. 전쟁은 끝났소. 터키 군은 배와 함께 침몰했소. 데스데모나, 당신도 이 사이프러스에서 대환영을 받을 거요. 사이프러스에서 이렇게 다시 만나 기쁘오. (오셀로, 데스데모나, 시종들 퇴장)

이야고 - (로더리고에게) 어이, 자네도 이리 와. 이제 좀 용기가 생겼나? 부관은 오늘 밤 보초를 서야 해. 데스데모나는 분명히 캐시오를 사랑하고 있어.

로더리고 - 그럴 리가 없어.

이야고 - 데스데모나가 애당초 무어인한테 반한 것은 무어인이 한 꿈 같은 거짓말 때문이야. 얼굴도 잘생기고 나이도 젊고 풍채며 외모도 근사해야 하는데 무어인은 모든 점에서 낙제야. 그러니 무어인이 싫어지고 미워지게 마련이야. 이게 바로 인간의 본성이지. 그렇다면 데스데모나가 사랑할 다음 대상은 누구겠나? 당연히 캐시오지. 안 그래? 게다가 얼굴도 잘생기고 여자들이 반할 만한 조건은 다 갖추고 있어. 그래서 데스데모나가 눈독을 들이는 거라고.

로더리고 - 데스데모나가 그럴 줄은 정말 몰랐어. 천사 같은 여자가 어떻게!

이야고 - 천사라고? 천사라면 무어인한테 반할 리 없지. 그 여자가 캐시오의 손바닥을 만지작거리는 것을 못 봤나?

로더리고 - 그건 인사잖아.

이야고 - 그건 음란의 서막이야. 내 말을 믿게. 자네를 위해 베니스에서 이 곳에 데리고 오지 않았나. 오늘 밤 보초를 서게. 지휘는 내가 할게. 캐시오는 자네를 몰라볼 거야. 무슨 수를 써서라도 캐시오의 비위를 상하게 만들게. 어쩌면 캐시오는 자네를 때리려고 할 거야. 그럼 때리게 놔두라고. 그러면 내가 그것을 트집잡아 큰 소동을 일으킬 테니까. 그렇게 캐시오를 파면시키는 거지. 그렇게 해서 장애물을 없애버리는 거야. 이따 다시 만나세.

로더리고 - 그럼 안녕. (퇴장)

이야고 - 캐시오가 그 여자에게 반한 게 틀림없어. 오셀로가 못마땅

하지만 그래도 인정 많고 훌륭한 놈이지. 데스데모나에게는 아주 소중한 남편이고. 음……. 저 베니스의 개 로더리고가 내 뜻대로 움직여 준다면 캐시오는 내 맘대로 되지.

제2장 거리

포고계가 포고문을 들고 등장. 뒤따라 주민들 등장.
포고계 – 우리의 고귀하고 용감한 오셀로 장군의 본보를 전달한다. 지금 터키 함대가 전멸했다는 소식이 들어왔다. 모두 전승을 축하하라. 거기다 오늘은 장군의 결혼을 축하하는 날이다. 춤을 추든, 모닥불을 피우든, 맘대로 축하해라. 이상. 성내의 모든 주방을 개방해 놨으니 열한 시 종이 칠 때까지 음식을 마음대로 먹도록!

제3장 성 안의 홀

오셀로, 데스데모나, 캐시오, 시종들 등장.
오셀로 – 캐시오, 오늘 밤 보초의 지휘를 맡아 주게.
캐시오 – 잘 감독하겠으니 걱정하지 마십시오.
오셀로 – 이야고는 정말 성실한 사람이야. 캐시오, 잘 가게. 내일 아침 일찍 만나 이야기하세. (데스데모나에게) 자, 피로연은 끝났으니 이제 우린 결혼을 한 거요. 당신과 나는 이제부터 정말 즐거울 거요. (오셀로, 데스데모나, 시종들 퇴장)
이야고 등장.
캐시오 – 이야고, 잘 왔네. 우리는 같이 파수를 봐야 하네.
이야고 – 아직 시간이 안 되었습니다. 오셀로 장군님은 마님이 너무

예뻐서 이렇게 일찍 들어가 버리셨군요.

캐시오 - 정말 훌륭한 부인이셔.

이야고 - 남자의 마음을 뒤흔들어 놓은 것 같아요.

캐시오 - 사람을 빨아들일 듯한 눈이야. 그러면서도 정숙해 보여.

이야고 - 그런데 부관님, 술을 좀 준비했습니다. 밖에서 오셀로 장군의 건강을 축배하려고 사이프러스의 젊은이 두세 명이 기다리고 있습니다.

캐시오 - 안 돼, 이야고. 축하를 하려면 다른 방법을 찾자고.

이야고 - 그러지 마시고 한 잔만 하십시다.

캐시오 - 나는 술이 약해. 이게 나의 약점이지.

이야고 - 그냥 진탕 마십시다. 젊은이들도 그걸 바라고 있어요.

캐시오 - 그럼 그렇게 하게. 마음에 내키지는 않지만. (퇴장)

이야고 - 술을 먹이면 그놈은 미친개처럼 짖어 대겠지? 한편, 저 못난 로더리고는 사랑에 눈이 멀어 앞뒤 분간을 못할 테고. 오늘 밤은 데스데모나에게 축배를 올린다고 술을 병째로 마셨어. 그 녀석도 보초를 서기로 했어. 오늘 밤 술을 먹여 엉망을 만들어 놓아야지. 음, 이제 그들이 오는군.

캐시오가 몬타노와 등장. 그 뒤를 하인이 술을 가지고 등장.

캐시오 - 아까 술을 많이 마셨습니다.

몬타노 - 조그만 잔이네. 그냥 받게.

캐시오 - 오셀로 장군을 위해 축배!

몬타노 - 캐시오 부관님, 내가 상대를 해 드리죠.

캐시오 - 그럼, 한 잔만.

사람들, 술을 계속 마신다.

캐시오 - (술에 취해) 여러분, 우리의 직무를 완수합시다. 내가 취했다고 생각해서는 안 돼. 자, 봐라. 똑바로 설 수 있고 정확히 말할 수 있어. 정말 멀쩡해. 그러니 내가 취했다고 생각해선 안 되오. (퇴장)

몬타노 ─ 자, 보초 준비를 합시다.

이야고 ─ 캐시오는 멋진 군인입니다. 그러나 술에 취한 모습은 엉망이군요. 오셀로 장군은 캐시오를 대단히 믿고 계시는데……. 술 때문에 이 섬에 대소동이 일어날까 걱정됩니다.

몬타노 ─ 이런 일이 자주 있소? 이 사실을 장군에게 말해 주는 것이 좋겠소.

이야고 ─ (로더리고에게 방백) 로더리고! 자, 캐시오를 따라가, 어서. (로더리고 퇴장)

몬타노 ─ 오셀로 장군 같은 분이 이런 사람에게 임무를 맡겼다는 게 유감이군. 오셀로 장군에게 말씀 드리는 게 좋지 않겠소?

이야고 ─ 이 섬 전체를 준다 해도 말씀 드릴 수 없습니다. 나는 캐시오 님의 나쁜 술버릇을 고쳐 드리고 싶습니다. (안에서 "사람 살려! 사람 살려!" 하는 비명 소리) 아, 이게 무슨 일일까?

캐시오가 로더리고를 뒤쫓아 다시 등장.

캐시오 ─ 이 악당!

몬타노 ─ 어쩐 일입니까? 부관님!

캐시오 ─ 건방진 녀석! 네가 나를 지시해! 술통 속에 집어넣을 테다.

로더리고 ─ 나를 술통 속에 집어넣는다고?

캐시오 ─ 조용히 해, 이놈아! (로더리고를 때린다.)

몬타노 ─ 부관님! 그러시면 안 됩니다.

캐시오 ─ 놔라, 놓지 않으면 머리를 부숴 놓겠다.

몬타노 ─ 아아, 부관님. 취하셨군요.

캐시오 – 내가 취했다고? (둘이서 싸운다.)

이야고 – (로더리고에게 방백) 저리 가. 가서 큰일났다고 떠들어. (로더리고 퇴장) 그만둬요, 부관님! 이봐요, 누가 좀 도와줘. 이거 볼만한 일이군. (안에서 총소리) 누구야? 부관님, 제발 그만두세요.

오셀로와 시종들 등장.

오셀로 – 대체 이게 무슨 일이냐?

몬타노 – 제기랄, 피가 안 멎네. 치명상을 입었어. 이놈! 내 칼을 받아라. (다시 캐시오에게 덤빈다.)

오셀로 – 그만둬라. 그만두지 않으면 목숨이 달아날 줄 알아라.

이야고 – 참아요, 부관님! 몬타노님! 두 분 다 지위와 임무를 잊으셨습니까? 장군님의 말씀이 안 들립니까?

오셀로 – 뭐냐? 이게. 야만적인 일은 그만둬. 이야고, 이게 무슨 일인지. 네가 말해 봐.

이야고 – 저는 잘 모릅니다. 이 두 사람은 얼마 전까지 사이가 좋아 신방에 들어가는 신랑신부 같았습니다. 그런데 갑자기 칼을 빼들고 서로의 가슴을 겨누며 결투를 시작했습니다.

오셀로 – 마이클 캐시오, 왜 앞뒤 분간을 못하고 이러느냐?

캐시오 – 용서해 주십시오. 뭐라고 드릴 말씀이 없습니다.

오셀로 – 몬타노, 당신은 예의가 있는 분이 아니었소. 대체 무슨 일이오? 밤중에 소동을 일으키다니. 대답해 보시오.

몬타노 – 오셀로 각하, 저는 중상을 입었습니다. 이야고가 이 일을 다 알고 있습니다. 아무리 생각해도 저는 잘못한 행동을 한 적이 없습니다.

오셀로 – 아무리 참으려 해도 참을 수 없군. 이 더러운 소동은 왜 일어났지? 무슨 짓이냐? 더구나 치안을 맡고 있는 사람들이 이렇게 싸움질을 하다니. 이야고, 누가 먼저 이 싸움을 시작했는지 말해라.

이야고 – 장군님, 이렇습니다. 몬타노 님과 제가 이야기를 하는데 누가 사람 살리라고 하며 뛰어들어왔습니다. 그 사람을 캐시오 님이 찔러죽인다고 했습니다. 그래서 몬타노 님이 캐시오 님을 말리고 저는 소리를 지르는 녀석을 쫓아갔습니다. 그러다 이렇게 되었습니다. 내가 쫓아간 그 녀석은 얼마나 날쌘지 따라잡지 못했습니다. 돌아와 보니 두 분이 맞붙어서 야단이었습니다. 저는 이것밖에 모릅니다. 하지만 확실히 캐시오 님은 도망친 그 녀석에게 무슨 큰 모욕을 당한 것이 틀림없습니다.

오셀로 – 잘 알았다. 너는 성실하고 동정심이 많아서 캐시오를 두둔하는구나. 캐시오, 나는 너를 사랑하고 있지만 그러나 이제 내 부관으로 둘 수는 없다. 보아라! 너를 본보기로 처벌하겠다.

데스데모나, 시종을 데리고 등장.

오셀로 – 내 아내까지 잠을 깨웠군. 캐시오, 너를 처벌하겠다.

데스데모나 – 무슨 일이 일어났나요?

오셀로 – 이제 일은 다 끝났소. 여보, 우리는 침실로 갑시다. 몬타노 당신의 상처는 내가 직접 봐 드리리다. 저쪽으로 모셔라. (몬타노 부축을 받으며 나간다.) 이야고, 소동으로 혼란에 빠진 주민들을 진정시키게. 자, 갑시다. 데스데모나. (이야고와 캐시오만 남고 모두 퇴장)

이야고 – 아니, 캐시오 부관님도 다치셨습니까?

캐시오 – 이제 무슨 약을 써도 소용 없게 되었네. 나는 명예를 잃어버렸어. 나의 가장 소중한 것을 잃어버렸어.

이야고 – 자, 기운을 내십시오. 장군님의 마음을 돌이키게 하는 방법은 얼마든지 있습니다. 부관님이 미워서 파면시킨 것이 아닙니다. 직무상 그럴 수밖에 없었습니다.

캐시오 - 이런 못난이! 바보! 주정뱅이! 사람 눈에 보이지 않는 주신아, 남들이 너를 뭐라고 부르는지 모르지만 네놈은 악마가 틀림없다.

이야고 - 부관님께서 칼을 들고 쫓아간 놈은 어떤 놈이었습니까? 부관님께 무슨 짓을 했습니까?

캐시오 - 모르겠어. 생각이 잘 안 나. 싸움을 하긴 했는데, 왜 했는지 잘 모르겠어. 아까는 주정뱅이 악마가 쑥 들어가고 이제는 홧귀신이 들어왔어. 한 가지가 해결되면 다른 한 가지 문제가 생기니 내가 생각해도 정나미가 떨어져.

이야고 - 그런 생각은 마십시오. 다 지나간 일입니다. 이제는 잘 되게 해결책을 생각하셔야지.

캐시오 - 똑똑하고 유능했던 사람이 술 때문에 완전히 바보가 되었어.

이야고 - 술도 적당히 마시면 요긴한 것입니다. 너무 욕하지 마십시오. 그런데 부관님, 제가 부관님을 따른다는 것을 알고 계시죠? 제가 한 가지 가르쳐 드리겠습니다. 지금 장군 부인이 거의 장군이나 마찬가지입니다. 장군님은 지금 아름다운 부인에게 푹 빠져 있습니다. 그래서 부인의 소원은 무엇이든 다 들어주십니다. 그러니 부인의 도움을 얻으십시오. 부인은 상냥하고, 친절하고, 인정이 많은 분이십니다. 그러니 부탁을 하면 꼭 들어주실 겁니다.

캐시오 - 좋은 방법을 가르쳐 줘서 고맙네. 날이 밝으면 데스데모나님을 찾아뵙고 힘이 되어 달라고 부탁해야겠어.

이야고 - 저는 이만 물러가겠습니다.

캐시오 - 그럼 잘 가게, 이야고. (퇴장)

이야고 - 데스데모나는 상냥한 여자니까 부탁을 하면 들어줄 거야. 무어인은 그 여자가 말하면 거절할 수 없지. 아마 세례를 포기하고 속죄의 신앙을 버리라고 해도 싫다고 못할걸. 그만큼 부인한테 푹 빠져 있으니까. 그 순진한 캐시오가 자기의 복직을 허락해 달라고 사정을 하고 데스데모나도 오셀로에게 그렇게 해 달라고 간청을 한다. 그때 나는 부인이 캐시오를 복직시키려고 하는 것은 캐시오를 사랑하기 때문이라고 말하는 거야.

로더리고 등장.

이야고 — 무슨 일이야, 로더리고?

로더리고 — 내가 자네를 따라 여기까지 따라오기는 했지만 잘못한 것 같아. 나는 이제 돈을 다 써 버리고 오늘 밤 죽을 만큼 두들겨맞았어. 충분한 경험을 했다고 생각하고 다시 베니스로 돌아가야겠어.

이야고 — 참을성 없는 사람은 이래서 탈이야. 무슨 일이든 기다려야 한다고. 캐시오한테 얻어맞기는 했지만 그래도 그 방법으로 캐시오를 몰아 냈잖아. 조금만 더 참아. 자, 어서 돌아가자고. 자기가 있던 곳으로 말야. 어서 돌아가라니까. (로더리고 퇴장) 우리 마누라를 시켜서 캐시오가 부인과 만날 수 있도록 해 줘야지. 서둘러야겠어. 그리고 그 동안 나는 무어인을 데리고 밖으로 나와 있다가 캐시오가 부인을 만나고 있는 장면을 보게 하는 거야. 음, 아주 좋은 방법이야. 난 역시 똑똑해. (퇴장)

제3막

제1장 성 앞

캐시오가 서 있고 이야고 등장.

캐시오 — 마침 잘 왔네, 이야고.

이야고 - 잠을 잘 주무시지 못한 얼굴이시군요.

캐시오 - 잠을 잘 수 있는 상황이 아니지. 나는 실례를 무릅쓰고 자네 부인을 부르러 사람을 보냈어. 데스데모나 부인을 만나게 해 달라고 부탁하려고.

이야고 - 곧 이리로 나오라고 하겠습니다. 그리고 오셀로 장군은 다른 데로 데리고 나가도록 하겠습니다. 그래야 두 분이 마음놓고 이야기하실 수 있을 테니까요.

캐시오 - 정말 고맙네. (이야고 퇴장) 이야고는 정말 좋은 사람이야. 나를 위해 이렇게 애를 써 주다니.

이밀리아 등장.

이밀리아 - 안녕하세요, 부관님. 이번 일은 정말 안 됐어요. 하지만 잘 될 테니 너무 걱정하지 마세요. 장군님도 부관님을 아끼고 계시니까 적당한 기회를 봐서 복직시키실 거예요.

캐시오 - 그래도 부탁이오. 잠깐이라도 좋으니 데스데모나 님과 단둘이서 이야기할 수 있도록 해 주시오.

이밀리아 - 그럼 들어오세요. 두 분이 이야기하실 수 있는 곳으로 안내해 드리겠습니다. (두 사람 퇴장)

제2장 성 안의 정원

데스데모나, 캐시오, 이밀리아 등장.

데스데모나 - 안심하세요, 캐시오 님. 제가 힘닿는 데까지 노력해 보겠습니다.

이밀리아 - 마님, 꼭 그렇게 해 주세요. 저희 남편도 정말 자기 일처럼 걱정하고 있어요.

데스데모나 – 이야고는 정말 성실한 분이네요. 캐시오 님, 오셀로 장군과 당신이 예전처럼 지낼 수 있도록 만들어 드리겠습니다.

캐시오 – 고맙습니다. 저는 어떤 일이 있어도 부인과 장군님께 충성을 다하겠습니다.

데스데모나 – 꼭 복직되도록 해 드릴게요. 그러니 기운을 내세요.

오셀로와 이야고 등장.

이밀리아 – 아씨, 장군님께서 오십니다.

캐시오 – 부인, 저는 이만 실례하겠습니다.

데스데모나 – 여기 계세요. 여쭤볼 테니까요.

캐시오 – 아닙니다. 지금 장군은 기분이 언짢아 계십니다. 지금 제 얼굴을 보시면 기분만 더 나빠지실지 모릅니다. (캐시오 퇴장)

이야고 – 저런, 안됐군.

오셀로 – 뭐가 말인가?

이야고 – 뭐, 아무것도 아닙니다. 실은……. 아니, 아무것도 아닙니다.

오셀로 – 지금 아내하고 이야기한 사람은 캐시오가 아닌가?

이야고 – 아뇨, 그럴 리가 있습니까? 만약 캐시오라면 장군님이 오신다고 죄진 사람처럼 도망을 칠 까닭이 없지요.

오셀로 – 아니, 분명히 캐시오였어.

데스데모나 – 당신 오셨어요. 지금 캐시오 님과 이야기를 하고 있었어요. 캐시오는 당신을 위하는 사람이에요. 실수로 잘못을 저질렀지만 나쁜 사람은 아니에요. 부디 다시 복직시켜 주세요.

오셀로 – 지금 여기서 나간 사람이, 그럼 캐시오?

데스데모나 – 네, 캐시오예요. 하도 풀이 죽어 있어 나까지 슬퍼지더군요. 여보, 다시 그 사람을 불러 주세요.

오셀로 – 알았소. 당신 청은 뭐든지 들어주겠소. 그런데 잠깐 동안 나를 혼자 있게 놔두시오.

데스데모나 – 당신 마음대로 하세요. 무슨 말씀을 하셔도 저는 순종하겠어요. 이밀리아, 이리 와요. (데스데모나와 이밀리아 퇴장)

오셀로 – 귀여운 아내! 내가 당신을 사랑하지 않는다면 내 영혼에 파멸이 와도 좋다! 당신을 사랑하지 않게 되면 천지는 어둠이지.

이야고 – 각하, 저…….

오셀로 – 왜 그래?

이야고 – 마이클 캐시오는 각하의 구혼 시절에 각하와 부인 사이를 알고 있었습니까?

오셀로 – 그럼, 처음부터 끝까지. 그런데 그건 왜 물어?

이야고 – 그저 생각이 나는 게 있어서요. 저는 캐시오가 부인과 가깝게 지냈다는 사실을 모르고 있었군요.

오셀로 – 우리 둘 사이를 자주 왔다갔다했지. 미심쩍은 데라도 있단 말인가? 아니면 그자가 정직하지 않다는 거야?

이야고 – 정직하다고요?

오셀로 – 그건 또 무슨 소린가? 그야 정직하지.

이야고 – 그럴지도 모르죠.

오셀로 – 자넨 어떻게 생각하는가?

이야고 – 어떻게 생각하느냐고요?

오셀로 – 이야고, 자네는 자꾸 내 말만 흉내내는군. 머릿속에 무슨 생각이 있는데 무서워서 남에게 말을 못하는 것 같군. 대관절 무슨 일인가?

이야고 – 각하, 저는 각하께 충성을 다 바치고 있습니다. 마이클 캐시오는 분명히 정직한 사람이라고 생각합니다.

오셀로 - 나도 그렇게 생각하지.

이야고 - 사람은 외모와 같아야 합니다. 그렇지 않은 자는 정직한 척하는 얼굴을 하지 말아야 합니다.

오셀로 - 그렇지, 사람은 외모와 같아야 하지.

이야고 - 그렇다면 캐시오는 정직한 사람이겠지요.

오셀로 - 이야고, 자네는 지금 무언가를 숨기고 있어. 자네 마음속에 있는 것을 말해 봐.

이야고 - 아무리 생각해도 제 생각을 말씀 드리지 않는 게 좋을 것 같습니다.

오셀로 - 아무래도 자네 생각을 알아야겠어.

이야고 - 각하, 질투를 조심하십시오. 아, 모든 인간이 질투만은 모르고 살았으면 합니다.

오셀로 - 아니, 자네는 왜 그런 소리를 하나! 나는 한번 의심을 품으면 단번에 해결하는 성미야. 사람들이 내 처를 보고 아름답다고 말하고, 노래도 잘하고 춤도 잘 춘다고 해서 내가 질투할 필요는 없어. 나는 내가 검다는 약점 때문에 지레 겁을 내서, 아내가 바람을 피울까 봐 걱정하지는 않아. 그렇다고 의심하지도 않고. 아내는 자기 눈으로 나를 선택했어. 이야고, 나는 남을 무턱대고 의심하지 않아. 잘 보고 의심하지. 그리고 의심하게 되면 증거를 잡지.

이야고 - 그 말씀을 들으니 안심이 됩니다. 이제 말씀드리겠습니다. 부인을 주의하십시오. 특히 캐시오와 함께 있을 때를 조심하십시오.

오셀로 - 그게 무슨 말인가?

이야고 - 부인은 장군님과 결혼하기 위해 아버지를 속이셨습니다. 아, 죄송합니다. 장군님을 위한다는 생각에 이런 말까지……. 부탁입니다. 제가 말씀 드린 것은 단지 의심스럽다는 정도로 흘려 버리시고 더 이상 문제를 확대시키지 말아 주십시오.

오셀로 - 그런 짓은 하지 않아. 나는 데스데모나가 정직한 여자라는 것을 알아.

이야고 - 부인께서 언제까지나 장군님께 정직하시기를! 그리고 장군님의 사랑이 변함없으시기를! 털어놓고 말씀드리면 부인은 자기 나라의 피부색과, 문벌이 같은 남자들의 많은 청혼을 거절하지 않았습니까? 차차 분별을 차리게 되어 자기 나라 사람과 각하를 비교해 보고 후회할 일이 없으셔야 하는데.

오셀로 - 알았다. 뭐 더 짚이는 것이 있으면 알려 주게. 자네 부인보고 감시하라고 하게. 이만 물러가게, 이야고.

이야고 - (나가면서) 그럼 물러가겠습니다.

오셀로 - 이야고는 분명히 내가 이야기한 것보다 더 많은 것을 알고 있을 거야. 이야고는 성실한 사람이야. 그리고 세상 물정도 밝지. 혹시 아내는 내가 피부색이 검고 고상한 사교술이 없다고 해서 날 버릴지도 몰라. 아아, 나는 모욕을 당했구나. 나를 구하는 길은 그녀를 미워하는 것! 아, 데스데모나가 오는군.

데스데모나와 이밀리아 등장.

오셀로 - 아, 저 아름다운 여자가 불의를 저지르다니. 믿을 수 없어.

데스데모나 - 웬일이세요? 오셀로 님! 식사 시간이에요. 당신이 초대한 이 섬의 훌륭한 분들이 기다리고 계십니다. 그런데 왜 그렇게 기운이 없으세요?

오셀로 - 머리가 아파.

데스데모나 - 밤에 일어난 소동 때문에 잠을 못 주무셔서 그래요. 자, 머리를 대세요. 이 손수건으로 머리를 싸매 드릴게요.

오셀로 - 당신 손수건은 너무 작아. (이마에 매 준 손수건을 풀어 버린다. 데스데모나는 그것을 떨어뜨린다.) 같이 들어갑시다.

데스데모나 – 기분이 나쁘신 것 같아 무척 걱정이 돼요. (오셀로와 데스데모나 퇴장)

이밀리아 – 이 손수건이 내 손에 들어온 건 정말 다행이야. 이 손수건은 오셀로 님이 처음으로 부인한테 준 선물이지. 우리 집 양반은 왜 이걸 훔쳐오라고 했을까.

이야고 등장.

이야고 – 여보! 여기서 뭐 해?

이밀리아 – 손수건을 드디어 손에 넣었어요. 오셀로 장군님이 아씨한테 선사한 그 손수건 말예요. 당신이 훔쳐오라고 조르던 것 말예요.

이야고 – 어떻게 그걸 훔쳤어?

이밀리아 – 부인이 실수로 떨어뜨렸어요. 그런데 이 손수건은 어디에 쓰려고요?

이야고 – (손수건을 뺏으며) 당신은 상관하지 마!

이밀리아 – 꼭 필요한 게 아니면 돌려줘요. 부인이 그 손수건이 없어진 걸 알면 미칠 거예요.

이야고 – 당분간은 모르는 척하고 있어. 그럼 저리 가 있어. (이밀리아 퇴장) 캐시오 숙소에 이걸 떨어뜨리는 거야. 놈의 눈에 띄게 해야지. 캐시오가 이 손수건을 갖고 있다는 것을 알면 오셀로는 질투로 불타겠지. 앗, 저기 오셀로가 오는군.

오셀로 – 아아, 아내가 나를 배신하다니!

이야고 – 각하, 아직 확실하지 않잖아요.

오셀로 – 꺼져! 너는 나를 고문대 위에 올려놓았어. 내 아내가 음탕한 짓을 하리라고 생각한 적이 없었어. 그래서 괴롭지 않았어.

이야고 – 그런 말씀을 들으니 제 마음이 괴롭습니다.

오셀로 - 아아, 나는 이제 평화스런 마음과 작별이구나. 용감한 군대도 전쟁의 승리도 이제 아무 소용이 없어.

이야고 - 각하! 그렇게 생각하지 마십시오.

오셀로 - 이놈아! 내 아내가 바람났다는 것을 증명해 봐. (이야고의 목덜미를 잡는다.) 보여 주지 않으면 네놈의 목숨은 없다.

이야고 - 각하, 그건…….

오셀로 - 만약 근거 없이 내 아내를 중상했다면 가만두지 않겠다.

이야고 - 장군님! 무슨 말씀을! 차라리 저를 파면하십시오. 아, 나는 불쌍한 놈이야. 충성의 마음으로 말씀 드린 것 때문에 그만 나는 악당이 되어 버렸어.

오셀로 - 미안하네, 이야고. 내가 제정신이 아니었어. 아무래도 무슨 증거가 있어야겠어. 아아, 증거를 봤으면…….

이야고 - 각하, 너무 흥분하지 마십시오. 증거를 보고 싶으십니까? 그야 안 될 것도 없지요. 그러나 두 사람이 잠자고 있는 현장을 보실 수 있겠습니까?

오셀로 - 아아, 더럽다.

이야고 - 어떻게 해야 장군님께서 만족하시는 증거가 될까요? 하지만 증거가 될 만한 일이 있었습니다. 언젠가 저는 캐시오와 같이 잠을 잤습니다. 같이 잠을 자는데 캐시오가 이렇게 말했습니다. '귀여운 데스데모나, 조심합시다. 우리 사랑을 남들이 알아차리면 안 됩니다.' 그리고는 내 손을 잡고 키스를 하지 않겠습니까? 그리고 큰 소리로 '당신이 오셀로한테 가다니. 참혹한 운명이야!' 라고 말했습니다.

오셀로 - 아아, 그럴 수가.

이야고 - 신중하셔야 합니다. 아직 현장을 잡은 것은 아니니까요. 어쩌면 부인은 결백한지도 모릅니다. 한 가지 여쭤 보겠습니다. 부인이 딸기를 수놓은 손수건을 가지고 계신 것을 보신 적이 있습니까?

오셀로 - 내가 그걸 선물했지.

이야고 - 그럴 수가. 제가 오늘 캐시오가 그 손수건으로 수염을 닦고 있는 것을 보았습니다.

오셀로 - 아아, 아내를 용서할 수 없어. 이야고, 3일 안으로 캐시오를 죽여 버려라.

이야고 - 하지만 부인의 목숨만은 살려 주십시오.

오셀로 - 가증스런 년! 지옥으로 떨어져라. 나는 집으로 가서 아름다운 그 여자를 빨리 없앨 방법을 찾겠어. 이제부터 내 부관은 이야고, 바로 자네야.

이야고 - 언제까지나 충성을 다하겠습니다. (두 사람 모두 퇴장)

제3장 성 앞

데스데모나, 이밀리아 등장.

데스데모나 - 어디에서 손수건을 잃어버렸을까? 이밀리아, 내 손수건을 못 봤어?

이밀리아 - 예, 못 봤습니다, 아씨.

데스데모나 - 오셀로 님이 의심이 없는 것이 다행이지. 그렇지 않으면 언짢게 생각하실 거야.

이밀리아 - 아, 저기 장군님이 오십니다.

데스데모나 - 그래? 이번에는 캐시오 님을 꼭 다시 부르겠다는 확답을 받아야지. 그 말이 떨어지기 전에는 떠나지 않을 거야.

오셀로 등장.

데스데모나 - 당신 기분은 좀 어떠세요?

오셀로 – 으응, 좋아. (방백) 마음을 숨기기가 이렇게 어렵다니.

데스데모나 – 그런데 약속은?

오셀로 – 무슨 약속?

데스데모나 – 제가 캐시오 님을 부르러 보냈어요. 당신과 직접 이야기하도록.

오셀로 – 콧물이 자꾸 나오는군. 손수건 좀 주시오.

데스데모나 – 자, 여기.

오셀로 – 내가 준 것은?

데스데모나 – 지금 없는데요.

오셀로 – 안 갖고 있다고? 그건 안 돼, 그 손수건은 나의 어머니가 이집트 여자한테서 받은 거야. 점쟁이였던 그 여자는 남의 마음을 읽는 재주가 있었지. 그 여자는 어머니에게 이렇게 말했다더군. 이 손수건을 가지고 있을 동안은 사람들에게 귀염을 받고 남편의 애정도 조정하지. 하지만 잃어버리거나 남에게 주면 남편에게 미움을 받고 남편의 마음이 다른 데로 날아가 버린다고. 그러니 소중히 해요. 자기 몸처럼 말이오. 잃어버리거나 남에게 주든지 하면 재앙이 일어날지 모르오.

데스데모나 – 어머, 정말이요?

오셀로 – 정말이야.

데스데모나 – 그렇다면 보지 않는 편이 좋았을 것.

오셀로 – 뭐라고? 그건 또 무슨 말이야?

데스데모나 – 왜 그렇게 화를 내세요.

오셀로 – 잃어버린 거야, 아니면 없어졌어? 도대체 손수건은 어딨어?

데스데모나 – 없어지지 않았어요.

오셀로 – 그럼, 보여 줘.

데스데모나 - 보여 드릴 수 있어요. 하지만 지금은 싫어요. 내 부탁을 얼버무리려고 그러시니까요. 캐시오 님을 복직시켜 드리세요.

오셀로 - 손수건을 가져와 봐.

데스데모나 - 캐시오 님은 훌륭한 사람이에요.

오셀로 - 손수건을!

데스데모나 - 너무하세요.

오셀로 - 에잇! 비켜! (퇴장)

이밀리아 - 저래도 의심하지 않는 분이라고요?

데스데모나 - 이런 일은 처음이야. 그 손수건은 정말 무슨 힘이 있나 봐.

이밀리아 - 남자의 마음은 잘 모릅니다. 남자가 위라면 여자는 음식이지요. 걸신이 들린 것처럼 먹고 나서 배가 부르면 더 이상 거들떠보지 않거든요.

캐시오와 이야고 등장.

이야고 - 다른 방법은 없습니다. 부인께 부탁하는 것말고 다른 방법은 없습니다. 마침 잘 됐어요. 자, 어서요.

데스데모나 - 아, 캐시오 님! 어쩐 일이세요?

캐시오 - 다시 부탁 드립니다. 부인의 힘으로 다시 한 번 저를 살려 주십시오. 이제는 더 기다릴 수 없습니다.

데스데모나 - 점잖은 캐시오 님, 지금은 장군님의 기분이 좋지 않으세요. 갑자기 왜 그러시는지 모르겠어요. 하지만 조금만 기다리세요.

캐시오 - 장군님이 화가 나셨나요?

이밀리아 - 지금 저쪽으로 가셨어요.

이야고 - 아니, 장군님도 화를 내실 때가 다 있다니. 무슨 중대한 사건이 있는 모양이군. 가서 만나 봐야지.

데스데모나 - 그렇게 해 주세요. (이야고 퇴장) 정치적인 문제가 생겼나? 베니스에서 무슨 소식이 왔거나 음모가 있는지도 몰라.

이밀리아 - 그랬음 좋겠어요. 아씨한테 터무니없는 상상을 하거나 질투를 내는 일이 아니었으면 좋겠어요.

데스데모나 - 난 아무 짓도 안했는데 뭐.

이밀리아 - 그렇지만 의심 많은 사람은 대책이 없어요.

데스데모나 - 캐시오 님, 여기 계셔 보세요. 장군님의 기분이 좋아졌으면 당신의 청을 꺼내서 되도록 결말지어 볼게요.

캐시오 - 정말 감사합니다, 부인. (데스데모나와 이밀리아 퇴장)

비양카 등장.

비양카 - 안녕하세요, 캐시오.

캐시오 - 잘 있었어. 그런데 어떻게 왔소?

비양카 - 일 주일 동안이나 나를 따돌리시다니? 얼마나 보고 싶었는지 아세요?

캐시오 - 미안해, 비양카. 내가 요즘 어려운 일이 있었어. 그런데 비양카, (데스데모나의 손수건을 주며) 이 수를 좀 본떠 주겠어?

비양카 - 어머, 이게 뭐예요? 좋은 여자가 생겼군요. 나를 찾아오지 않았던 이유를 이제 알았어요.

캐시오 - 그런 억측은 하지 마. 절대로 그렇지 않아, 비양카.

비양카 - 그럼 누구 거예요?

캐시오 - 몰라. 내 방에 떨어져 있었어. 나는 그 수 모양이 맘에 들어서 그래. 누군가 잃어버린 사람이 다시 찾으러 올 거야. 그 전에 이 모양을 본떠 두고 싶어. 지금은 돌아가 줘.

비양카 - 돌아가라고요? 왜요?

캐시오 - 장군님을 기다리고 있는 중이야. 여자하고 있어 봐야 득이 되지 않을 테니까.

비양카 - 그럼 조금만 바래다 주세요. 그리고 오늘 밤은 나를 찾아오
겠다고 약속해 주세요.

캐시오 - 알았어, 알았어.

비양카 - 고마워요. (두 사람 퇴장)

제4막

1장 사이프러스 성 앞

오셀로와 이야고 등장.

이야고 - 제가 알아본 바로는 두 사람은 같이 잤습니다.

오셀로 - 그놈과 같이 자다니! 에잇, 더럽다. 견딜 수 없어. 이런 일
이 나에게 일어나다니. 손수건이 그놈 손에 있다니! (몸을 부르르 떨
더니 기절한다.)

이야고 - 아하, 이렇게 일이 착착 진행되다니. 훌륭하고 정숙한 여자
도 이렇게 누명을 쓰게 되지.

캐시오 등장.

이야고 - 아, 캐시오 님,

캐시오 - 아니, 장군님이 왜 쓰러지셨나?

이야고 - 간질입니다. 두 번째 발작이지요.

캐시오 - 관자놀이를 문질러 드려.

이야고 - 가만히 두는 것이 좋습니다. 그렇지 않으면 입에서 거품을
품고 미치광이가 되거든요. 저리 비키십시오. 곧 정신이 돌아오실 겁
니다. 아, 장군님이 움직이신다. (오셀로 일어난다.) 장군의 발작이 가

라앉으면 중요한 문제를 의논하고 싶은데요. (캐시오 퇴장) 좀 어떻습니까?

오셀로 – 그놈이 자백을 했나?

이야고 – 잠깐만요. 조금 전에 각하가 쓰러지셨을 때, 제가 적당히 말해서 돌려보냈습니다. 할 이야기가 있다고 다시 오라고 했습니다. 제가 그놈과 이야기할 때 그놈의 얼굴 표정을 살펴보십시오. 제가 그놈을 만나서 언제 어디서 어떻게 부인을 만났고 다음엔 어디서 만나기로 했는지 물어 보겠습니다. 그놈의 표정을 잘 보십시오.

이야고 – 자, 어서 물러가 계십시오. (오셀로 퇴장) 캐시오에게 비양카 이야기를 해야지. 몸을 파는 그 여자는 캐시오에게 빠져 있거든. 놈한테 비양카에 대한 이야기를 하면 비웃고 폭소를 터뜨릴 거야.

캐시오 다시 등장.

이야고 – (방백) 그 녀석이 웃으면 오셀로는 어쩔 줄을 모르겠지. (캐시오에게) 부관님, 어떻게 됐습니까? 데스데모나 님에게 잘 부탁해 보세요. 틀림없이 잘 될 거예요. (작은 소리로) 그렇지만 비양카를 통해서 부탁하면 더 좋을 거예요.

캐시오 – 비양카가 무슨 힘이 있다고.

오셀로 – (방백) 저 녀석이 벌써 나를 조롱하는구나.

이야고 – 그렇게 남자를 열렬히 사랑하는 여자는 처음 봤어요.

캐시오 – 하찮은 계집일 뿐이야.

오셀로 – 이제부터 본격적인 질문이 시작되는 모양이군.

이야고 – 비양카는 당신과 결혼한다고 떠들고 다니던데요. 당신은 그 여자와 결혼할 생각입니까?

캐시오 – 하하하.

오셀로 – 저런 나쁜 놈. 의기양양하군.

캐시오 - 내가 비양카랑 결혼을 한다고? 몸을 파는 여자한테? 하하하, 농담하지 말아라.

오셀로 - 나를 모욕하는군.

캐시오 - 그 여잔 내가 어딜 가나 나를 따라다니지. 전번에도 항구에서 사람들과 이야기하는데 이렇게 내 목에 매달리지 않겠어. (이야고의 목에 매달린다.)

오셀로 - 아내는 사랑하는 캐시오 님이라고 불렀겠지.

캐시오 - 그렇게 매달려서는 울지 않겠어.

오셀로 - 그렇게 해서 침실에 끌고 갔다는 거지.

캐시오 - 하지만 언제까지나 상대해 줄 수는 없지.

이야고 - 어이쿠, 저기 오는군요.

캐시오 - 윽, 향수 냄새가 코를 찌르는군.

비양카 등장.

캐시오 - 왜 그렇게 나를 따라다니는 거야?

비양카 - 아까 준 손수건은 대체 뭐지요? 그런 걸 받다니. 나도 참 바보지. 방에 떨어져 있었는데 누구 것인지 모르겠다고요? 어떤 바람둥이 여자가 줬겠지. 그런 걸 나보고 본을 떠 달라고요?

캐시오 - 이봐, 비양카! 왜 그래, 응?

오셀로 - 저건 확실히 내가 아내에게 선물한 손수건이야.

비양카 - 오늘 밤 식사나 하러 오세요. (퇴장)

이야고 - 따라가 봐요. 그대로 내버려 두면 무슨 짓을 할지도 몰라요.

캐시오 - 알았소. (캐시오 퇴장)

오셀로 - 이야고, 저놈을 어떻게 죽일까?

이야고 - 나쁜 짓을 하고도 재미있어하는 것을 보셨죠? 손수건도 보

셨죠? 부인이 주신 걸 저런 창녀에게 주다니.

오셀로 – 그놈을 두고두고 괴롭히고 싶어. 아내는 순결하고 아름답고 상냥한 여자였어. 하지만 오늘 밤 지옥으로 보낼 거야. 절대로 살려 두지 않을 거야. 독약을 가지고 와. 오늘 밤 당장 없애 버릴 거야.

이야고 – 독약은 안 됩니다. 목을 조르세요. 그놈과 잠을 잔 그 더러운 자리에서.

오셀로 – 그게 좋겠다.

이야고 – 캐시오는 저에게 맡겨 주십시오. (안에서 나팔 소리)

오셀로 – 좋아! 그런데 저건 무슨 나팔 소리인가?

이야고 – 베니스에서 누가 온 모양입니다. 아, 공작님께서 보내신 로도비코 님이십니다. 부인도 같이 오시는데요.

로도비코, 데스데모나, 시종들 등장.

로도비코 – 안녕하십니까, 장군!

오셀로 – 안녕하십니까.

로도비코 – 베니스의 공작 각하와 원로원 의원들의 안부를 전합니다. (편지를 준다.)

오셀로 – 편지를 감사히 받겠습니다. (편지를 읽는다.)

데스데모나 – 무슨 소식이라도 있나요, 로도비코 님?

이야고 – 만나 뵈어서 반갑습니다.

로도비코 – 고맙네. 그런데 캐시오 부관은?

데스데모나 – 그 사람과 우리 주인이 사이가 나빠졌어요. 당신이라면 두 사람을 화해시킬 수 있을 거예요.

오셀로 – (편지를 읽는다.)

로도비코 – 장군하고 캐시오하고 사이가 나쁜가요?

데스데모나 – 정말 슬픈 일이에요. 두 분 사이를 이전 같이 해 주신다면 저는 무엇이든 하겠습니다.

오셀로 - 에잇, 빌어먹을! (데스데모나를 보고) 당신은 제정신이오?

로도비코 - 편지에 마음이 상한 모양이오. 그것은 캐시오를 후임으로 하고 본국으로 돌아오라는 전갈이니까.

데스데모나 - 아, 정말이요? 너무 기뻐요.

오셀로 - 나도 기뻐. 당신이 미쳐서.

데스데모나 - 무슨 소리세요?

오셀로 - (데스데모나를 때리며) 이 악마!

로도비코 - 장군, 이것을 내가 봤다고 베니스에 가서 말해도 아무도 내 말을 믿지 않을 것 같군요. 너무하십니다.

오셀로 - 내 아내는 악마입니다. 악마! 나쁜 년입니다. (데스데모나에게) 가 버려! 썩 꺼져!

데스데모나 - 그렇게 원하신다면. (가려고 한다.)

오셀로 - 썩 들어가! (데스데모나 퇴장) 캐시오를 후임으로 하겠습니다. 그리고 각하, 오늘 저녁식사를 같이 합시다. 사이프러스에 잘 오셨습니다. 아아, 음탕한 년! (퇴장)

로도비코 - 이 사람이 많은 의원들이 칭찬하던 오셀로 장군이 맞나?

이야고 - 몹시 변하셨습니다.

로도비코 - 정신은 멀쩡한가? 머리가 돈 게 아닌지?

이야고 - 장차 어떻게 될지 모르겠습니다. 현재는 완전히 미치지 않았지만 말입니다.

로도비코 - 부인을 때리다니! 늘 그런가?

이야고 - 제가 직접 말씀 드리기는 곤란합니다. 직접 그 분이 하는 짓을 뒤따라가셔서 보십시오.

로도비코 - 내가 아무래도 사람을 잘못 봤어. (두 사람 퇴장)

제2장 성 안의 어떤 방

오셀로와 이밀리아 등장.

오셀로 - 아무것도 못 봤다고?

이밀리아 - 예, 본 적도 들은 적도 없습니다.

오셀로 - 둘이서 소곤대지 않았나? 아니면 너를 밖에 내보낸 적은?

이밀리아 - 그런 일은 없었습니다.

오셀로 - 거참 이상하군.

이밀리아 - 장군님, 아씨의 결백은 제가 영혼이라도 걸고 보증하겠습니다. 그런 의심을 하게 만든 놈이 있다면 천벌을 받을 겁니다.

오셀로 - 아내를 불러와, 어서! (이밀리아 퇴장) 저것도 내 아내에게 아주 충성이군. 비밀은 저것이 쥐고 있겠군.

데스데모나, 이밀리아 등장.

데스데모나 - 부르셨어요?

오셀로 - 잠깐 이리 와요. 어디 눈 좀 봅시다. 내 얼굴을 봐요.

데스데모나 - 무슨 짓이에요?

오셀로 - 이밀리아, 늘 하던 대로 둘만 남기고 문을 닫아 줘. 누가 오면 기침을 해 줘. 어서 저쪽으로 가. (이밀리아 퇴장)

데스데모나 - 도대체 무슨 말인지 모르겠군요. 하던 대로라니요?

오셀로 - 당신은 누구지?

데스데모나 - 나는 당신의 아내예요. 진실하고 충실한 아내예요.

오셀로 - 거짓말! 지옥에 떨어질 짓을 하고 그런 말을 하다니.

데스데모나 - 하느님이 알고 계십니다.

오셀로 - 하느님이 알고 계시지. 당신이 부정을 저지른 사실을 말야.

데스데모나 - 누가요? 제가요? 누구하고요? 이번 본국에서의 소환이 저희 아버지의 간계라고 생각하실지 모르지만, 그렇다 하더라도 나를 나무라지 마세요.

오셀로 – 어떤 시련과 아픔이 와도 나는 다 견딜 수 있어. 하지만 당신의 가슴속에 다른 남자가 있다는 것은 견딜 수 없어.

데스데모나 – 저의 결백을 믿어 주세요. 정말 너무하십니다.

오셀로 – 너는 매음녀야.

데스데모나 – 저는 그런 여자가 아니에요.

이밀리아 등장.

오셀로 – 자, 수고한 값을 주지. 오늘 이야기는 비밀로 해 줘. (퇴장)

이밀리아 – 아씨, 어떻게 된 거예요? 주인님은 왜 그러세요?

데스데모나 – 주인님이라고? 아니, 나에게는 주인님이 없어. 아무 말 말아 줘. 아, 너무 슬퍼서 눈물이 쏟아져 나올 것 같아.

이밀리아 – 아, 이게 대체 무슨 일인지……. (퇴장)

데스데모나 – 내가 무슨 짓을 했다고 그러시는 걸까?

이밀리아, 이야고를 데리고 등장.

이야고 – 아니, 부인! 무슨 일이 있었습니까?

이밀리아 – 여보, 장군님이 아씨를 창녀 취급 하시고 입에 담지 못할 말씀을 하시네요. 그 말을 듣고는 세상의 어떤 여자도 참을 수 없을 거예요.

이야고 – 왜 그러셨나요?

데스데모나 – 나는 영문을 모르겠어요. 나는 그런 여자가 아니에요.

이야고 – 울지 마십시오, 마님. 대체 무슨 일일까?

이밀리아 – 그 좋은 혼처도 다 거절하고 아버지도, 고국도, 친구도 버렸는데 창녀라는 소릴 들으니 울지 않겠어요?

이야고 – 그럴 수가! 어떻게 그런 생각을 하시게 되었을까요?

데스데모나 - 아무도 모르는 일이에요.

이밀리아 - 이건 심술궂은 나쁜 놈이 장군님께 비위를 맞추어 출세하려고 중상하는 걸 거야. 내 말이 틀리면 내 목을 내놓겠어요.

이야고 - 그런 놈이 어디 있어? 그럴 리 없어.

데스데모나 - 그런 사람이 있어도 하느님, 그자를 용서해 주십시오.

이밀리아 - 용서라니요, 아씨! 그런 놈은 악마한테 뼈까지 씹어 달라고 해야 해요. 오셀로 님은 어떤 나쁜 놈에게 속으신 거야. 그런 놈은 매로 다스려야 해.

데스데모나 - 이야고, 어떻게 해야 남편의 기분이 다시 좋아질까요? 가서 얘기해 보세요. 무릎을 꿇고 맹세하지만 난 바람을 피우지 않았어요. 지금도, 앞으로도 남편을 사랑해요. 설사 그 분이 나를 버린다 해도 말입니다.

이야고 - 진정하십시오. 아마 정치적인 어려움이 생겨서 부인에게 화풀이를 하신 걸 거예요. (안에서 나팔 소리). 나팔 소리가 나는군요. 베니스에서 온 사람들이 기다리고 있습니다. 어서 가 보십시오. 모두 부인을 기다리고 있을 겁니다. (데스데모나와 이밀리아 퇴장)

로더리고 등장.

이야고 - 로더리고!

로더리고 - 자네는 늘 이렇게 나를 함부로 대하지. 이야고, 생각해 보니 자네는 나를 도와주지 않았어. 더 이상 참을 수 없어.

이야고 - 이봐, 내 말좀 들어 봐.

로더리고 - 싫어. 자네는 말과 행동이 일치하지 않아. 나는 돈을 다 써 버렸어. 데스데모나에게 준다고 자네가 가져간 보석은 어떤 수녀라도 무너뜨릴 수 있었어. 그 보석을 데스데모나에게 줬다고 말했지? 하지만 지금까지 어떤 진전도 없어. 이제 내가 직접 데스데모나에게 가서 부딪쳐 볼 거야. 만일 보석을 돌려주면 나도 단념하겠어. 그러나 돌려주지 않는다면 자네가 그 보석에 대한 배상을 하게.

이야고 – 이제 보니 자네도 용기가 있는 사람이군. 악수하세, 로더리고. 자네가 데스데모나의 마음을 얻지 못한 것에 화가 날 만도 하네. 하지만 나는 늘 공평하게 일을 했네. 그러나 자네가 나를 의심하는 것은 어쩌면 당연할 거야. 자네가 용기를 갖고 있다면 오늘 그 용기를 보여 주게. 베니스의 특명으로 오셀로의 자리에 캐시오가 앉는다는 사실을 알고 있나?

로더리고 – 그게 정말인가? 그럼 오셀로와 데스데모나는 베니스로 가겠군.

이야고 – 아니, 모리타니로 간다네. 아름다운 데스데모나도 같이. 그러나 무슨 사건이 일어나서 여기 더 있어야 한다면 갈 수 없지. 그러기 위해서는 캐시오를 없애 버리는 것이 좋지. 오셀로의 자리를 캐시오가 물려받아서는 안 돼. 절대 그 일은 막아야 해. 그놈의 머리를 쪼개는 거야.

로더리고 – 그 일을 나보고 하라고?

이야고 – 그렇지. 캐시오는 오늘 비양카 집에서 저녁을 먹을 거야. 나도 같이 가지. 캐시오는 자기가 이 사이프러스 섬을 맡게 되었다는 사실을 몰라. 그자가 오는 것을 기다리고 있다가 처치해 주게. 캐시오는 독안에 든 쥐야. 음, 벌써 저녁시간이군. 어서 가세. (두 사람 퇴장)

제3장 성 안의 다른 방

오셀로, 로도비코, 데스데모나, 이밀리아, 시종들 등장.

로도비코 – 이제 그만 들어가 보시오.

오셀로 – 죄송합니다. 나는 좀더 걷고 싶습니다.

로도비코 – 부인, 그럼 안녕히.

데스데모나 – 와 주셔서 감사했습니다.

오셀로 – 참, 데스데모나. 먼저 가서 자요. 나도 곧 돌아올 테니. 이밀리아는 돌려보내요.

데스데모나 – 네. (오셀로, 로도비코, 시종들 퇴장)

이밀리아 – 장군님이 뭐라고 하셨어요? 기분은 풀리신 것 같은데…….

데스데모나 – 곧 오신다고 먼저 가서 자라고 하시네. 가서 내 잠옷을 가져와. 그리고 자네 집으로 가. 기분을 상하게 해 드리면 안 되니까.

이밀리아 – 아씨는 장군님과 결혼하는 게 아니었어요.

데스데모나 – 그렇지 않아. 나는 진심으로 그이를 사랑해. 만일 내가 이밀리아보다 일찍 죽으면 이불로 나를 싸 줘요.

이밀리아 – 아씨, 그게 무슨 말씀이세요?

데스데모나 – 우리 어머니에겐 바바리라는 몸종이 있었어요. 그 애가 사랑을 했지. 그런데 상대방 남자가 미쳐서 그 애를 버렸어. 그 애는 〈버들 노래〉를 불렀지. 오래된 노래야. 오늘 어쩐지 그 노래가 자꾸 생각나.

제5막

제1장 사이프러스의 거리

이야고와 로더리고 등장.

이야고 – 여기, 이 그늘에 서 있어. 그 녀석이 올 거야. 검을 빼들고 있다가 콱 찔러. 겁낼 것 없어. 내가 옆에 있을 테니까.

로더리고 - 그래, 내 옆에 있어 줘.

이야고 - 그래, 알았어. (그늘로 숨는다.) (방백) 저 녀석이 캐시오를 죽이든지, 캐시오가 저놈을 죽이든지 덕을 보는 건 나야. 그러나 로더리고가 이기면 자기가 데스데모나에게 직접 전한다고 하며 금은보석을 돌려 달라고 할 텐데……. 그건 안 되지. 또 캐시오가 이기면 이 섬의 후임을 맡을 거라고 오셀로가 말할 테고……. 아무래도 캐시오를 죽여야겠어.

로더리고 - 그놈이다. 에잇! (캐시오를 찌른다.)

캐시오 - 하마터면 너에게 당할 뻔했지만 내 옷은 갑옷이지. 어디 네놈 옷은 어떤지 보자. (칼을 빼서 로더리고를 찌른다.)

로더리고 - 앗, 다쳤다. (이야고, 캐시오의 다리를 찌르고 퇴장)

캐시오 - 아, 사람 살려! 살인이다, 살인! (쓰러진다.)

오셀로 등장.

오셀로 - 캐시오 목소리군. 이야고가 약속을 지켰어.

로더리고 - 아, 나는 악당이었다.

캐시오 - 사람 살려! 불을 비춰. 의사를 데리고 와.

오셀로 - 과연 이야고는 성실한 사람이군. 아내의 목숨도 얼마 남지 않았어. 그년의 매력과 아름다운 눈, 모두를 내 가슴에서 지워 버리겠어. 그리고 그년의 그 더러운 침대를 피로 물들여 줄 거야. (퇴장)

로도비코와 그레샤노 등장.

캐시오 - 보초는 어디 있어? 살인이다, 살인!

그레샤노 - 무슨 사고가 났는가 보네. 비명 소리야

로도비코 - 저 소리는, 캐시오?

로더리고 - 아, 나는 정말 나쁜 놈이야!

로도비코 – 몇 사람이 신음하고 있군.

이야고, 횃불을 들고 다시 등장.

그레샤노 – 저기 사람이 오는군. 횃불과 칼을 들고.

이야고 – 누구냐, 살인이라고 소리지른 놈은?

로도비코 – 우리도 모르겠소.

이야고 – 어떻게 된 일이오?

캐시오 – 여기 있소. 제발 살려 줘.

그레샤노 – 저건 오셀로의 부관의 목소리요, 분명히.

이야고 – 누가 이렇게 야단스럽게 소리를 지르냐?

캐시오 – 이야고인가? 좀 도와주게.

이야고 – 부관님이시군요. 어떤 놈이 이런 짓을?

캐시오 – 그 중 한 놈은 달아나지 못했어. 여기 이 근처에 있을 거야.

이야고 – 괘씸한 놈들! (로도비코와 그레샤노에게) 이리 와서 거들어 주세요.

로더리고 – 아, 사람 살려!

캐시오 – 바로 저놈이야. 목소리 들리지?

이야고 – 에잇, 살인마. 죽일 놈! (로더리고를 찌른다.)

로더리고 – 이야고! 이 나쁜 놈!

이야고 – 어둠 속에서 살인을 했어, 살인을! 당신들은 누구요?

로도비코 – 우리가 누군지 잘 보시오.

이야고 – 로도비코 님이십니까? 이거 실례했습니다. 캐시오 님이 악당한테 당했습니다.

비양카 등장.

비양카 – 도대체 무슨 일이에요? 아, 신음하는 사람은 나의 사랑, 캐시오.

이야고 - 누군가 했더니 소문난 창녀로구나.

그레샤노 - 당신이 이런 봉변을 당했으리라고는 생각지도 못했습니다. 아, 기절하겠네. 캐시오! 캐시오!

이야고 - 여러분, 이 여자가 아무래도 수상합니다. 그리고 이놈이 누군지 확인해 봅시다. 아니, 이 사람 내 고향 친구, 로더리고가 아닌가?

그레샤노 - 베니스 사람이라고?

이야고 - 아, 그레샤노 님이십니까? 이거 실례했습니다. 이런 잔인한 소동 때문에 몰라뵈었습니다. 용서하십시오.

그레샤노 - 만나서 반갑소.

이야고 - 어떠세요, 캐시오 님? (누군가가 의자를 가져온다.) 자, 의자를 가져왔군. 누가 힘이 센 사람이 메고 가야겠어. 나는 장군님의 주치의를 불러와야겠습니다. 캐시오 님, 여기 쓰러져 있는 사람은 내 친구입니다. 둘 사이에 무슨 원한이 있었습니까?

캐시오 - 그런 일은 없었어. 난 이 사람을 몰라.

이야고 - (비양카에게) 안색이 하얗게 변해 가는군. 빨리 안으로 메고 가요. (캐시오, 로더리고가 들려 나간다.) 여러분, 이 여자의 눈빛이 무섭지요? 아무래도 이번 소동의 가담자 같습니다.

이밀리아 등장.

이밀리아 - 이 밤에 웬일이세요, 여보?

이야고 - 캐시오 님이 로더리고 일당에게 당했어. 다른 놈들은 다 도망쳤어. 캐시오 님은 중상을 입고 로더리고는 죽었어.

이밀리아 - 가엾은 캐시오 님!

이야고 - 이봐, 이밀리아. 캐시오 님께 가서 오늘 저녁식사를 어디서 하셨는지 여쭤 봐. (비양카에게) 왜 넌 내 말에 떠는 거지?

비양카 - 캐시오는 우리 집에서 식사를 하셨어요.

이야고 – 역시 그랬군. 여러분, 캐시오를 보러 갑시다. 비양카, 너도 따라와. 물어 볼 게 있어. 이밀리아, 당신은 장군님과 부인께 이 사건을 보고해요. (방백) 오늘 밤은 내가 성공하느냐 파멸하느냐, 둘 중에 하나다. (모두 퇴장)

제2장 성 안의 침실

데스데모나 침실에 누워 있다. 오셀로 등장.

데스데모나 – 누구, 오셀로 님?

오셀로 – 음, 데스데모나. 당신은 오늘 기도를 마쳤소? 하느님께 용서를 구하지 않은 죄가 있다면 지금 하시오.

데스데모나 – 그게 무슨 말씀이세요?

오셀로 – 자, 간단히 기도해요. 나는 마음의 준비도 없는 자를 죽이고 싶지 않아. 당신의 영혼까지 죽이고 싶지 않아.

데스데모나 – 아, 하느님. 이 분의 죄를 용서하세요. 그렇게 무서운 눈을 하시다니. 무슨 일 때문에 이러시나요?

오셀로 – 당신에게 준 그 손수건, 그걸 캐시오 놈에게 줬지?

데스데모나 – 아뇨, 절대로 그런 일 없어요.

오셀로 – 당신은 그 침대에서 죽어야 해. 자, 정직하게 고백해 봐. 하나하나.

데스데모나 – 아, 하느님! 저는 한번도 당신에게 나쁜 짓을 한 적이 없어요. 캐시오를 사랑한 적도 없어요. 손수건을 준 적도 없고요.

오셀로 – 그놈이 그 손수건을 갖고 있는 것을 보았어. 그리고 캐시오가 당신과의 관계를 고백했어.

데스데모나 – 그럴 리가. 그 사람에게 가서 확인해 봐요.

오셀로 - 이제 그놈은 말을 못해. 이야고가 없애 버렸으니까. 이 매음녀! 너를 죽이겠어.(아내의 목을 졸라 죽인다.)

이밀리아 - (문 밖에서) 장군님, 장군님!

오셀로 - 이건 무슨 소리야?

이밀리아 - 장군님, 잠깐 여쭐 말씀이 있습니다.

오셀로 - 이밀리아군. 캐시오가 죽었다는 말을 알리러 온 모양이군.

이밀리아 - (문 밖에서) 장군님, 드릴 말씀이 있어요.

오셀로 - 들어와.

이밀리아 등장.

이밀리아 - 지금 큰 살인이 났어요. 캐시오가 베니스 청년 로더리고를 죽였어요.

오셀로 - 캐시오도 죽었나?

이밀리아 - 아뇨.

오셀로 - 뭐야! 죽지 않았다고? 복수가 실패하다니.

이밀리아 - 아, 저 소리는? 어머, 아씨의 신음 소리예요. (침대로 간다.) 아씨, 말 좀 해 보세요.

데스데모나 - 나는 억울하게 죽어요, 잘 있어요. 우리 서방님을 잘 돌봐줘요.

이밀리아 - 아, 오셀로 님! 이런 짓을 하시다니.

오셀로 - 아내는 부정을 저질렀어. 캐시오하고 정을 통했어. 믿지 못하면 네 남편에게 물어 봐. 두 사람이 부정을 저질렀다고 말한 사람이 네 남편이야.

이밀리아 - 아씨, 악당이 오셀로 장군님을 속였군요. 아씨는 부정한 사람이 아니에요. 남편을 너무나 소중히 여기셨어요.

오셀로 - 입 다물어!

이밀리아 - 어디 맘대로 해 봐. 내가 칼을 무서워할까 봐? 나는 당신이 한 짓을 세상에 퍼뜨릴 거예요. 사람 살려! 이봐요! 오셀로가 부인을 죽였어요. 그리고 나도 죽이려고 해요.

몬타노, 그레샤노, 이야고 등장.

몬타노 - 무슨 일이오, 장군?

이밀리아 - 아, 이야고. 이 살인자 같은 놈! 어서 말해 보아요. 아씨가 부정을 저지르다니!

이야고 - 생각한 바를 말했던 것뿐이야.

이밀리아 - 당신 때문에 이런 살인이 일어난 거예요.

오셀로 - 아, 놀라지 마세요. 전부가 사실입니다.

그레샤노 - 믿을 수 없는 일이야.

몬타노 - 말도 안 돼.

이밀리아 - 아아, 이제 생각나는 게 있어. 아, 흉악해.

이야고 - 집에 가 있어.

이밀리아 - 남편 말에 순종해야 하지만 지금은 싫어요. 저는 절대로 집에 안 가요.

오셀로 - 아, 아! (침대에 쓰러진다.)

이밀리아 - 이 세상에서 가장 귀엽고 순진한 사람을 죽인 사람! 그렇게 쓰러져서 통곡해 보세요.

오셀로 - (일어나며) 내 아내가 간통을 했습니다. 그레샤노, 당신의 조카가 말입니다. 그래서 제가 목숨을 끊어 버렸습니다.

그레샤노 - 가엾은 데스데모나! 너의 아버지가 돌아가신 게 천만다행이다. 네 결혼에 충격을 받아서 돌아가셨는데 살아서 이 모습을 보았다면 아마 스스로 목숨을 끊으셨겠지!

오셀로 - 이 여자는 캐시오와 창피스런 일을 수없이 저질렀소. 캐시오가 자백했어. 더구나 아내는 내가 처음으로 사랑의 증표로 준 손수건을 그에게 주었소. 나는 캐시오가 손수건을 갖고 있는 것을 보았소.

이밀리아 - 아, 어쩌면 좋아. 아, 하느님! 모든 걸 말해야겠어.

이야고 - 이게 정말! (이야고, 이밀리아를 찌르려 한다.)

그레샤노 - 이게 무슨 짓이오! 여자한테 칼을 대다니!

이밀리아 - 오셀로 님! 그 손수건은 내가 주워서 남편에게 준 거예요. 이상하게 자꾸 손수건을 훔쳐 오라고 졸라 댔어요. 아씨가 캐시오에게 드렸다고? 아니에요, 내가 주워서 남편에게 줬어요.

이야고 - 이년! 거짓말하지 마!

이밀리아 - 절대로 거짓말이 아니에요. (오셀로를 보고) 이 살인자! 바보! 당신은 착한 부인을 죽인 거야.

오셀로 - 이 악당! 벼락이나 맞고 죽어라. (이야고에게 달려든다. 이야고는 이밀리아를 찌르고 퇴장)

그레샤노 - 놈이 제 아내를 죽였소.

이밀리아 - 저를 아씨 옆에 뉘어 주세요.

몬타노 - 대단한 악당이군. 이 칼은 지금 오셀로한테서 뺏은 칼이오. 자, 방에서 나가지 못하게 하시오. 나는 저 악당을 쫓아가겠소. (오셀로와 이밀리아만 남고 퇴장)

이밀리아 - 오셀로 님, 부인은 결백했어요. (숨이 끊어진다.)

오셀로 - 이 방에는 한 자루의 칼이 있지. 아, 여기 있군. 나는 밖으로 나가야겠소.

그레샤노 - (문 밖에서) 그런 짓을 하면 가만두지 않겠다. 조용히 해라.

오셀로 - 이리 들어오셔서 말씀하시오.

그레샤노 등장.

오셀로 – 나는 칼을 가지고 있소. 나는 어디로 가야 할까요. (침대를 본다.) 아, 데스데모나! 나를 차라리 유황불로 태워 주오!

로도비코, 몬타노, 들것에 실린 캐시오, 붙잡힌 이야고, 관리들 등장.

오셀로 – 네 이 악마놈! (갖고 있던 칼로 이야고를 찌른다.)

그레샤노 – 칼을 뺏어.

로도비코 – 오셀로, 훌륭하신 분이 어쩌다 이런 놈의 간계에 걸려들었소. 뭐라고 말해야 할지.

오셀로 – 정의의 살인자라고 하십시오. 모두 정의 때문에 생긴 살인입니다.

로도비코 – 이놈이 죄상을 자백했어. 당신이 이놈과 공모해 캐시오를 죽이려 했다고.

오셀로 – 맞습니다. 캐시오, 용서하오. 이 악마 같은 놈이 왜 나에게 덫을 놓았는지 물어 봐 주시오.

이야고 – 한 마디도 하지 않겠습니다.

그레샤노 – 고문으로 네놈의 입을 열겠다.

로도비코 – 살해당한 로더리고의 주머니에서 편지가 나왔어. 그리고 또 한 통, 여기에는 캐시오의 암살을 로더리고가 맡기로 되어 있었소.

캐시오 – 나쁜 놈!

로도비코 – 또 한 통은 불평을 늘어놓은 편지요. 이것은 로더리고가 이 악당에게 보내려고 한 것 같소.

오셀로 – 캐시오, 이 손수건은 어떻게 손에 넣었나?

캐시오 – 내 방에 떨어져 있었습니다. 놈이 자백을 했습니다. 일부러 내 방에 떨어뜨려 놨다고.

오셀로 – 아, 내가 바보였어.

캐시오 – 로더리고는 이 편지에서 이야고를 비난하고 있습니다. 지난

번 제가 술을 먹은 그날도 로더리고를 시켜서 나하고 싸움을 하게 해서 나를 면직시킨 것입니다. 게다가 죽은 줄 알았던 로더리고가 깨어나 '이야고가 자기를 베었다.'라는 말을 했습니다.

로도비코 – 이 방을 나와 우리와 동행해 주시오. 관직은 모두 박탈했소. 캐시오가 사이프러스를 통치하게 되었소. 이 악당에게 오랫동안 고문할 수 있다면 그 처벌을 하시오. 그리고 베니스 정부에 죄상이 보고될 때까지 감옥에 들어가 있으시오.

오셀로 – 잠깐, 떠나기 전에 말씀드릴 게 있습니다. 나는 국가에 공적이 많소. 지금 그걸 말하려는 게 아니오. 단지 원하는 것은 이 사건을 이야기할 때 사실 그대로를 전해 주시오. 이렇게 적어 주시오. '분별력은 부족했어도 아내를 진정으로 사랑한 남자였다. 경솔하게 남을 의심하지 않는 남자였으나 속임수에 넘어갔다. 생전 울지 않은 남자가 이번에는 슬픔을 못 이겨 눈물을 흘렸다.'고. 그리고 또 한 가지. 언젠가 알레포에서 이교도가 베니스 사람을 때리고 이 나라를 모욕했을 때, 이교도 놈의 모가지를 잡고 그 목을 찔렀다고요. 이렇게! (자기 목을 찌른다.)

로도비코 – 아, 처참하구나.

캐시오 – 이런 일을 염려는 했습니다만 칼이 없는 줄 알았습니다.

로도비코 – (이야고에게) 이 스파르타의 개 같은 놈아! 침대 위에 쓰러진 이 비참한 두 사람을 보라. 다 네놈의 솜씨다. 그레샤노 님, 이 감옥의 관리를 맡으시고 오셀로의 재산을 압류해 주시오. 당신이 상속을 받아야 하니까. 그리고 총독 각하, (캐시오에게) 이놈의 재판을 각하에게 일임하겠으니 고문 방법을 결정해 주시오. 가차없이 처벌하시오. 나는 즉시 배에 올라, 이 비극을 본국에 보고하겠소. (모두 퇴장)

맥 베 스

제1막

제1장 황야

천둥, 번개, 마녀 셋 등장.
마녀 1 – 우리 언제 다시 만날까?
마녀 2 – 해가 지기 전에.
마녀 3 – 장소는?
마녀 1 – 그 들판.
마녀 2 – 좋아, 우리 그 들판에서 맥베스를 만나자.

제2장 포레스에 가까운 진영

덩컨 왕, 맬컴, 도날베인, 레녹스, 시종들 등장. 잠시 후 부상당해 피를 흘리는 부대장 등장.
덩컨 – 저 사람은 알고 있겠군, 반란군의 움직임을.
부대장 – 실로 판단하기 어려운 지경이었습니다. 잔인한 적들이 여러 곳에서 우리를 공격해 왔습니다. 그러나 맥베스 장군 앞에서는 맥을 못 추고 무너졌습니다. 맥베스 장군은 적병들을 물리치고 쳐들어가서, 마침내 적장과 맞섰습니다. 적장을 한칼로 무너뜨렸습니다.

덩컨 - 아, 용감한 사촌! 훌륭한 맥베스!

부대장 - 하지만 무장한 우리편 군대가 적병들을 추격할 때, 기회를 염탐하고 있던 노르웨이 왕이 신예 무기와 새로운 병력을 투입해 갑자기 습격해 왔습니다.

덩컨 - 맥베스와 뱅코 두 장군은 어떻게 되었나? 겁을 먹지 않았나?

부대장 - 두 분은 두 배의 공격을 가했습니다. 정신이 아찔해지고, 상처가 아파서 견딜 수가 없습니다.

덩컨 - 네, 보고는 훌륭하고 장하다. 어서 의사를 불러라. (시종이 부대장을 부축하여 퇴장)

로스와 앵거스 등장.

맬컴 - 로스 영주입니다.

레녹스 - 무슨 심상치 않은 일이 일어날 것 같습니다.

덩컨 - 으음……. 로스 영주, 어디서 오는 길이오?

로스 - 파이프에서 오는 길입니다. 폐하, 그곳은 노르웨이 군의 깃발이 백성의 간담을 서늘하게 하고 있습니다. 노르웨이 왕은 대역적 코더 영주의 원조를 받아 직접 대군을 거느리고 맹격을 해 왔습니다. 그러나 맥베스 장군이 맞서 그를 무찔렀습니다.

덩컨 - 참으로 다행한 일이오.

로스 - 지금 노르웨이 왕 스위노가 강화를 청하고 있지만, 아군은 노르웨이 왕에게 만 달러의 배상금을 받기 전에는 허락하지 않겠다고 합니다.

덩컨 - 이제는 코더 영주가 짐을 더 이상 배신하지 못하렷다. 가서 곧 그에게 사형을 선고하시오. 그리고 맥베스를 영접해 주시오.

로스 - 황공합니다.

덩컨 – 그놈의 것은 맥베스에게 주시오. (모두 퇴장)

제3장 황폐한 광야

천둥, 마녀 셋 등장.
셋이 손을 맞잡고 돌면서 춤을 춘다. 그 때 북소리 들린다.
마녀 1 – 북소리다. 북소리다. 맥베스다!
맥베스와 뱅코 등장.
맥베스 – 이런 날은 처음이야.
뱅코 – (안개가 짙어진다.) 저렇게 빠르게 돌고 옷차림이 괴상한 것은 뭐지? 너희들은 누구냐? 사람의 말을 할 수 있느냐? 여자 같아 보이는데 수염이 나 있군.
마녀 1 – 만세, 맥베스! 만세, 글래미스 영주!
마녀 2 – 만세, 맥베스! 만세, 코더 영주!
마녀 3 – 만세, 맥베스! 장차 왕이 되실 분.
뱅코 – 대체 너희들은 누구냐? 허깨비냐? 지금 하는 말이 사실이냐? 그렇다면 나에 대해서도 이야기해 주어라.
마녀1 – 맥베스만큼은 없어도 더 위대하신 분!
마녀2 – 맥베스만큼 운은 못해도, 더 행운이 있으신 분!
마녀3 – 왕이 되지는 못해도, 훨씬 행운이 있으신 분. 만세! 맥베스와 뱅코 만세! (안개 더 짙어진다.)
맥베스 – 내가 글래미스 영주인 것은 알고 있으나 코더 영주라니? 코더 영주는 지금 살아 있지 않으냐? 게다가 왕이 된다니. 어디서 그런 괴상한 소문을 들었느냐? 자, 말해 봐라. (마녀들 안개 속으로 사라진다.)

뱅코 - 원, 어디로 사라져 버렸군.

맥베스 - 코더 영주가 된다고 안 그랬소?

뱅코 - 확실히 그렇게 말했소. 그런데 그들은 누굴까?

로스와 앵거스 등장.

로스 - 맥베스 장군, 국왕께서는 장군의 승전을 가상히 여기고 계시오.

앵거스 - 우리는 폐하의 치사를 전하고 두 분을 어전으로 안내하려고 합니다.

로스 - 맥베스 장군은 코더 영주가 되셨습니다. 축하드립니다.

뱅코 - 아니, 이럴 수가! 마녀들이 한 말이 맞았어.

맥베스 - 코더 영주는 생존해 있잖소.

앵거스 - 그 사람은 폐하를 반역했소. 그 처벌로 생명을 잃게 될 것이오.

맥베스 - (방백) 글래미스와 코더의 영주라. 이제 왕위만 남았구나.

뱅코 - 마녀들의 말이 맞다니…… 두 분, 잠깐 이리 좀.(로스와 앵거스 가까이 온다.)

맥베스 - (방백) 이 일은 흉조일까, 길조일까? 나는 코더 영주가 되었어. 내가 과연 왕이 될까?

뱅코 - 맥베스 장군, 이젠 가 보실까요?

맥베스 - 아, 용서하시오. 내가 잠시 딴생각을! 자, 국왕을 뵈러 갑시다. (뱅코에게) 오늘 일은 잊지 마시오. 그리고 나중에 서로 마음을 열고 이 일을 이야기합시다.

제4장 포레스, 궁전의 한 방

나팔 소리, 덩컨 왕, 맬컴, 도날베인, 레녹스, 시종들 등장.

덩컨 - 코더의 사형은 집행되었는가?

맬컴 - 예, 코더는 자기의 죄를 고백하고 참회했다고 합니다.

덩컨 - 사람의 마음은 참으로 알 수 없도다. 덩컨은 나를 따랐었는데…….

맥베스, 뱅코, 로스, 앵거스 등장.

덩컨 - 오, 맥베스인가! 장군의 공적이 너무 커서 보답할 것이 없구나.

맥베스 - 전하께 충성을 다하는 것은 저의 의무이자 본분입니다.

덩컨 - 아, 뱅코! 자네의 공도 아주 크오……. 여기 있는 사람들에게 선포하오. 내 맏아들 맬컴을 황태자로 책봉하여 앞으로는 컴벌랜드 공이라고 부르기로 했소. (맥베스에게) 그럼 이제 장군의 성인 베네스로 행차하여야겠소.

맥베스 - 어서 가서 아내에게 전하께서 오신다고 전하겠습니다. 그럼 이만 물러가겠습니다.

덩컨 - 훌륭하오, 코더 영주.

맥베스 - (방백) 컴벌랜드 공이 앞으로 왕이 된다고? 에잇! 질겁할 만한 일을 내가 저지르고 말리라. (퇴장)

덩컨 - 뱅코, 맥베스는 참 용감한 사람이오. 그 사람을 칭찬하는 소리를 들으면 나도 기분이 좋아지오. 내 친척 중에서 가장 훌륭한 사람이오. (나팔 소리, 모두 퇴장)

제5장 베네스, 맥베스의 거성 앞.

맥베스 부인, 편지를 들고 등장.

맥베스 부인 - (편지를 읽는다.) '마녀를 만난 것은 개선하던 날이었소. 마녀들은 인간이 알지 못하는 것을 아는 자들이오. 좀 더 자세히 묻고 싶었지만 곧 사라지더군. 그래서 나는 놀라움에 잠겨 멍청히 서 있었지. 그 때 국왕의 사자가 와서 '코더 영주' 라고 부르며 축하해 주었소. 그 운명의 마녀들의 말이 맞은 거야. 마녀들은 내게 왕이 될 거라고 예언을 했소. 당신에게 이 일을 알리는 것이 좋겠다고 생각하고 편지를 보내오. 이 일을 명심해 주기 바라오. 이만 줄이겠소.' 당신은 글래미스 영주와 코더 영주가 되었어요. 그러니 곧 왕도 되실 겁니다. 하지만 나는 당신의 성품이 걱정이에요. 인정이 많아서 성공의 지름길로 가지 못하는 사람, 높은 지위에 오르고 싶지만 나쁜 짓을 하기는 싫어하는 사람, 하지만 어떻게 해서라도 이기고 싶어 하는 위인이니까요.

하인 등장.

맥베스 부인 - 무슨 소식이라도?

하인 - 국왕께서 오늘 밤 이곳에 오십니다. 맥베스 님도 돌아오시는 중이시랍니다. (하인 퇴장)

맥베스 부인 - 덩컨 왕이 죽으러 이 성으로 오는구나. 자, 악령들아 이 품안에 들어와 재앙을 만들어라.

맥베스 등장.

맥베스 부인 - 글래미스 영주님! 코더 영주님! 장차 왕이 되실 분! 저는 당신의 편지로 인해 얼마나 기뻤는지 모릅니다.

맥베스 - 여보, 오늘 왕이 이곳으로 행차하시오.

맥베스 부인 - 왕은 언제 떠나시나요?

맥베스 - 내일.

맥베스 부인 - 왕은 이제 내일의 태양을 보지 못할 겁니다. 그런데 여보, 그런 얼굴은 하지 마세요. 오늘 밤 큰일은 제게 맡기세요. 성공하면 왕권은 바로 우리의 것이에요. 그저 명랑한 얼굴을 하세요. 이상한 표정은 뭔가 두려워한다는 증거입니다. 모든 일을 제게 맡기세요. (퇴장)

제6장 같은 장소

오보에 소리와 함께 덩컨 왕, 맬컴, 도날베인, 뱅코, 레녹스, 맥다프, 로스, 앵거스, 시종 등장.

덩컨 - 이 성은 참 좋소. 공기는 맑고 상쾌해 기분이 좋아지는군.

맥베스 부인 등장.

덩컨 - 이 성 주인의 부인이구려. 부인, 부인께 수고를 끼치게 해서 미안하오.

맥베스 부인 - 왕실에 대한 저희들의 봉사는 당연한 의무입니다. 제 남편에게 다른 작위를 또 주셨으니 은혜를 어떻게 갚을지 모르겠습니다.

덩컨 - 아름답고 기품 있는 부인, 오늘 밤은 댁의 손님이 되겠소. 자, 주인께 짐을 안내하오. 짐은 맥베스를 사랑하오. 앞으로도 계속 그리하겠소. (왕은 맥베스 부인의 손을 잡고 성 안으로 들어간다.)

제7장 맥베스 거성의 안뜰

노천. 안쪽 좌우에 입구, 왼쪽 입구는 성문으로 통하고, 오른쪽 입구는 성 안의 방으로 통한다. 이 좌우의 입구 사이, 정문 안쪽에 커튼이 쳐진 입구가 있다. 그리고 반쯤 열린 커튼 사이로 방의 내부가 보인다. 이 방에서 2층으로 통하는 계단이 있고 계단 전면 벽 앞에는 의자와 탁자가 놓여 있다. 하인들이 접시와 식기들을 나르며 무대를 왔다갔다한다. 하인들이 오른편 입구로 다닐 때마다 안에서 벌어지는 축연 소리가 새어나온다. 이윽고 입구에서 맥베스가 등장.

맥베스 – 아아, 모든 일이 잘 끝난다면……. 왕은 나를 믿고 있지. 내가 친척이고 신하니까. 나를 믿는 왕에게 칼을 대자니 가슴이 떨려.

맥베스 부인 등장.

맥베스 – 부인, 이번 일은 추진하지 맙시다. 왕은 나에게 영예를 내리셨소. 게다가 나는 모든 사람들에게 인기를 얻었다오. 나는 이것으로 만족하고 싶소.

맥베스 부인 – 당신은 마음속으로 왕이 되고 싶으면서 용감하게 행동하기가 겁이 나시는군요?

맥베스 – 여보, 좀 조용히 말하시오.

맥베스 부인 – 당신이 결심을 했을 때는 훌륭한 대장부셨는데……. 그런데 이제는 기가 죽어 버리셨군요.

맥베스 – 섣불리 하다가 실패하면 어떻게 해?

맥베스 부인 – 실패라고요? 용기를 가지세요. 그러면 실패는 없어요. 왕은 이 곳까지 오느라 피곤해서 곤히 잠들 거예요. 두 침실지기는 제가 포도주로 술 취하게 만들고 잠들게 하겠어요. 두 놈이 술에 취해 있을 때 왕을 해치우는 거예요. 시역의 대죄는 술에 취한 침실지기한테 덮어씌우는 거예요. 그리고 우리는 죽은 왕을 보고 대성통곡하면 돼요.

맥베스 - 좋소. 자고 있는 두 침실지기에게 피를 묻혀 놓고 칼도 그들의 단도를 사용하면 사람들은 그들의 소행이라고 여길 거요. 이제 결심했소. 자, 들어가서 좋은 얼굴로 손님들을 대합시다. (축연의 자리로 들어간다.)

제2막

제1장 같은 장소

한두 시간 뒤, 정면 입구에서 뱅코 등장. 그의 아들 플리언스는 횃불을 들고 부친을 안내한다.

뱅코 - 시간이 어떻게 되었느냐?

플리언스 - 자정은 지났을 것 같습니다.

뱅코 - 이 대검을 받아라. 졸음이 몰려오는구나. 그러나 자고 싶지는 않다. 인자한 천사들아, 부디 잠이 들면 망상이 없게 해 다오. (인기척에 놀란다.) 애야, 칼을 이리 다오.

오른편 입구에서 맥베스와 횃불을 든 하인 등장.

뱅코 - 누구냐?

맥베스 - 친구요.

뱅코 - 아직 안 주무셨소? 폐하께서는 침실에 드셨습니다. 폐하는 댁의 하인들에게도 많은 선물을 하사하셨소. 그리고 이 다이아몬드는 부인께 내리신 선물이오. 폐하는 아주 흡족한 하루를 보내셨소.

맥베스 - 부족할 뿐이오. 여유가 있었더라면 더 멋지게 환대해 드렸을 텐데.

뱅코 – 나는 간밤에 세 마녀를 꿈에서 봤다오. 마녀들이 한 말이 장군께는 일부 실현되었소.

맥베스 – 나는 깜빡 잊고 있었구려. 하지만 한 시간쯤 여유가 생기면 그 일에 관해 이야기하고 싶은데.

뱅코 – 언제든 좋습니다.

맥베스 – 내 편이 되어 주시면 보답을 하겠소.

뱅코 – 어느 때라도 응하리다.

맥베스 – 그럼, 편히 쉬시오!

뱅코 – 장군도 편히! (뱅코와 플리언스, 자기네 방으로 퇴장)

맥베스 – 여봐라, 마님께 잠을 재우는 술이 마련되거든 종을 치라고 해라. 그리고 가서 자도록 해라. (하인 퇴장. 맥베스, 탁자 앞에 앉는다. 그러자 단검의 환상이 보인다.) 아, 저건 단검이 아닌가. 잡아 보자. 그런데 잡히지 않는구나. 아, 공상이구나. 큰일을 앞두고 머리가 복잡해져 저런 것이 보이는 구나. (부인의 신호를 알리는 종소리) 덩컨, 저 소리는 널 천국 아니면 지옥으로 들어가게 하는 소리다. (발소리를 죽여 한 발 한 발 계단을 올라간다.)

제2장 같은 장소

맥베스 부인. 술잔을 들고 오른편 입구에서 등장.

맥베스 부인 – 나도 술을 먹었더니 대담해졌어.(멈칫한다.) 아, 이건 무슨 소리? 음, 올빼미 소리군.

맥베스 – (안에서) 게 누구냐?

맥베스 부인 – 침실지기들이 잠을 깬 것은 아니겠지. 실패하면 우린 파멸이다. 단검 두 자루를 그이가 잘 찾았겠지. 자고 있는 왕의 얼굴이 내 아버지와 닮지만 않았더라도 내가 직접 죽일 수 있었는데.

부인이 계단으로 올라가려고 할 때, 맥베스가 2층 입구에서 나타난다. 그의 양팔은 피투성이가 되어 있고 왼손에는 두 자루의 단검이 있다. 맥베스는 휘청거리며 내려온다.

맥베스 ― 해치웠소. 그런데 무슨 소리 못 들었소?

맥베스 부인 ― 올빼미 우는 소리가 났어요. 귀뚜라미 우는 소리도.

맥베스 ― 이 무슨 비참한 꼴인가. (오른손을 보며) 누군가 이렇게 외치는 소리가 들리는 것 같구려. '이젠 잠을 자지 못한다. 맥베스는 큰일을 저질러 그 보답으로 잠을 자지 못한다.' 라고.

맥베스 부인 ― 그런 소리 마시고 어서 피묻은 손을 닦으세요. 그 단검은 왜 가져왔어요? 어서 도로 가지고 가서 자고 있는 침실지기들에게 피를 묻히고 놓고 오세요.

맥베스 ― 나는 이제 못 가겠소.

맥베스 부인 ― 이런, 그렇게 약하시다니. 단검을 이리 줘요. 내가 갖다 놓을 게요. (부인이 계단을 올라가는데 이 때 노크 소리가 들린다.)

맥베스 ― 저 노크 소리는 어디서 나는 걸까? 이 피묻은 손을 보니 더욱 놀라는구나.

맥베스 부인 ― 아, 물로 피를 씻으세요. 그리고 잠옷으로 갈아입으세요. 그렇게 맥빠진 얼굴로 서 있지 말고요.

제3장 같은 장소

노크 소리가 점점 높아진다. 술 취한 문지기가 안뜰에 나타난다.

문지기 - 곧 갑니다. 기다리십시오. (성문을 연다.)

맥다프와 레녹스 등장.

맥다프 - 간밤에 늦게 잤나? 이렇게 꾸물대다가 문을 열어 주다니 말야.

문지기 - 술을 좀 마셨지요.

맥다프 - 술에 넘어갔구만. 그런데 주인 나리께서는 일어나셨나?

이 때 맥베스가 잠옷을 입고 등장.

레녹스 - 밤새 안녕하십니까?

맥다프 - 폐하께서는 일어나셨습니까?

맥베스 - 아직.

맥다프 - 저희보고 일찍 깨워 달라고 분부하셨습니다.

맥베스 - 자, 제가 폐하의 침실로 안내해 드리겠습니다. (두 사람 정문 입구를 향해 걸어간다.)

맥다프 - 무엄하지만 폐하의 침실에 들어가야겠습니다. (퇴장)

레녹스 - 간밤은 어수선했소. 곡성이 들려오고 이상한 신음 소리가 났어요. 그리고 이 세상에 변고가 일어날 징조를 예언하는 소리가 들렸어요. 올빼미도 밤새도록 울었답니다.

맥베스 - 험한 밤이었군요.

맥다프 다시 등장.

맥다프 - (큰 소리로) 폐하가 변을 당했소. 누가 왕의 생명을 빼앗아 갔소. 침소로 가 보시오.(맥베스와 레녹스, 계단으로 올라간다.) 일어나시오! 왕이 시해당하셨소. 뱅코! 도날베인! 맬컴! 일어나시오. (비상 종소리)

맥베스 부인, 잠옷 차림으로 등장.

맥메스 부인 - 무슨 일이에요? 고이 잠든 사람을 요란한 종소리로 깨우시다니. 무슨 일인지 말씀하세요.

뱅코, 실내복 차림으로 허둥지둥 등장.

맥다프 - 오, 뱅코! 폐하께서 시해를 당하셨소.

맥베스 부인 - 오, 이런! 우리 집에서요?

뱅코 - 너무 잔인한 일이오.

맥베스와 레녹스 다시 등장.

맥베스 - 차라리 한 시간 전에 내가 죽었다면 행복했을 텐데.

맬컴과 도날베인, 오른쪽 입구로 해서 허둥지둥 등장.

도날베인 - 무슨 변인가?

맥베스 - 폐하가 시해당하셨습니다.

맬컴 - 누구한테?

레녹스 - 침실지기들의 소행 같습니다. 두 놈 다 손과 얼굴이 온통 피투성이고 단검도 피가 묻은 채 베개 밑에 있었다고 합니다.

맥베스 - 아, 내가 너무 화가 나서 그 두 놈을 죽여 버렸다오.

맥다프 - 죽였다고요? 아니, 왜?

맥베스 - 불타는 충성심에 그만 이성을 잃고 죽여 버렸소. 어느 누가 참을 수 있겠소? 폐하가 그렇게 시해당한 것을 보고 말이오.

맥베스 부인 - (기절한 체하며) 아, 저를 좀!

맥베스, 부인 옆으로 간다.

맥다프 - 아, 부인을 돌봐 드리시오.

맬컴 - (도날베인에게 방백) 우리는 왜 입을 다물고 있을까? 우리가 제일 문제를 삼아야 할 텐데.

도날베인 - (맬컴에게 방백) 지금 무슨 말을 하겠소? 자, 피합시다. 언제 악운이 우리를 덮칠지 모르니까.

맥베스 부인의 시녀들 등장.

뱅코 - (시녀들에게) 마님을 부탁하오. (시녀들, 맥베스의 부인을 부축해 나간다.) 곧 다시 모여 이 잔인한 사건의 일을 규명합시다. 나는 대역죄의 음모와 당당히 싸우겠소.

맥베스 - 나도.

모두 - 다들 그렇게 합시다.

맥베스 - 속히 무장을 하고 다시 모입시다.

모두 - 그럽시다. (맬컴과 도날베인만 남고 모두 퇴장)

맬컴 - 자, 어떻게 할 것인가? 저들과 같이 행동할 수는 없지. 난 잉글랜드로 가겠어.

도날베인 - 난 아일랜드로 가야겠어. 피차 헤어져 있는 것이 안전합니다. 핏줄이 가까운 놈일수록 더 잔인하니까. (두 사람 퇴장)

제4장 맥베스의 성 앞

컴컴한 날씨, 로스와 노인 한 사람 등장.

노인 - 칠십 평생을 잘 기억하고 있습니다. 그 긴 세월 동안 많은 일을 겪었지요. 하지만 어젯밤 같은 날은 처음입니다. 지난 화요일에는 공중을 높이 날던 매가 올빼미한테 습격당해 죽었답니다.

로스 - 그것뿐인가. 왕의 말들이 별안간 난폭해져서 마구간을 부수고 날뛰었답니다.

노인 - 말들끼리 서로 물어뜯기도 했다면서요?(맥다프가 성에서 나온다.) 아, 맥다프 나리. 도대체 세상이 어떻게 돌아가는 겁니까?

로스 - 그 잔인한 놈은 누굽니까?

맥다프 - 왕의 침실지기들이죠.

로스 - 이제 왕위는 맥베스 장군께 돌아가겠군요.

맥다프 – 벌써 왕으로 추대되어 대관식을 올리러 스콘 사원으로 떠나셨소.

로스 – 덩컨 왕의 유해는 어디로?

맥다프 – 역대 조상의 선산인 콤길로 모셔졌지. 그럼 이만.(퇴장)

몇 주일이 지났다.

제3막

제1장 포레스 궁전의 알현실

뱅코 – 드디어 너는 마녀들이 예언한 대로 되었구나. 그런데 더러운 짓을 해서 얻은 것은 아닌지?

나팔 소리.

국왕이 된 맥베스, 왕비가 된 맥베스 부인, 레녹스와 로스, 귀족들, 시종들 등장.

맥베스 – 아, 뱅코. 오늘 밤 연회가 있으니 꼭 참석하시오.

뱅코 – 어명이시니 순종함이 저의 의무입니다.

맥베스 – 오늘 오후에 말을 타고 어디 나가시오?

뱅코 – 예.

맥베스 – 나가지 않으면 오늘 회의 시간에 장군의 의견을 들으려고 하는데……. 회의는 내일로 미루지요. 멀리 나가시오?

뱅코 – 지금 떠나면 연회 시간에나 돌아올 것 같습니다.

맥베스 – 축연을 잊지 마시오. 듣자하니 두 왕자는 잉글랜드와 아일랜드에 망명해 있다지요? 잔악한 부친 살해죄를 자백하기는커녕 오히려 이상한 소문을 내고 다닌다고 하오. 그러나 이 일은 내일 회의 때 의논합시다. 플리언스도 함께 가오?

뱅코 - 예, 벌써 출발 시간이 되었습니다.

맥베스 - 잘 가오. (뱅코 퇴장) 나는 혼자 있겠소. 다들 물러나시오. 연회 시간에 다시 봅시다. (맥베스와 시종 한 명만 남고 퇴장) 자, 그 사람은 대기하고 있느냐?

시종 - 예, 궁성 문 밖에서.

맥베스 - 들어오라고 해. 내가 두려워하는 사람은 오직 뱅코뿐. 왕위는 빼앗기게 마련이지. 뱅코의 자손들이 나를 물리치고 그를 왕위로 세울지도 몰라. 그렇게 되기 전에 그를 없애야 해.

시종이 자객 두 명을 데리고 등장.

맥베스 - 너를 부를 때까지 문 밖에서 대령하라. (시종 퇴장) 어제 내가 한 말을 잘 음미해 보았느냐?

자객 1 - 예, 폐하.

맥베스 - 너희들은 나를 위해 목숨을 버릴 각오가 되어 있느냐? 너희의 원수는 뱅코다. 그자가 바로 너희를 학대하는 자다. 뱅코는 내 원수이기도 하다. 물론 내가 왕권으로 그를 법대로 처벌할 수도 있으나 그렇게 하지 못하는 이유가 있다. 뱅코에게도 친구이고 나에게도 친구인 분들이 있다. 짐은 그 분들의 호의를 잃고 싶지 않다. 그러니 아무도 모르게 일을 해치워라.

자객 2 - 저희는 폐하의 명령대로 하겠습니다.

맥베스 - 오늘 밤 안으로 궁성에서 좀 떨어진 곳에서 해치워. 그리고 짐은 이 일과 아무 상관이 없다는 것을 명심하라. 아들놈, 플리언스도 처치하라.

제2장 같은 장소

맥베스 부인, 시종 한 명을 거느리고 등장.
맥베스 부인 – 뱅코는 궁성을 물러갔느냐?
시종 – 예.
맥베스 부인 – 폐하께 아뢰어라. 드릴 말씀이 있으니 좀 뵙잔다고.
시종 – 예. (퇴장)
맥베스 부인 – 아아, 모두가 허무하구나. 욕망이 채워져도 만족이 없구나. 살인을 하니 이렇게 불안하구나.
맥베스, 생각에 잠긴 얼굴로 등장.
맥베스 부인 – 폐하, 어찌하여 그런 얼굴을 하고 계십니까? 지나간 일은 잊으십시오.
맥베스 – 불안 속에서 밤마다 악몽에 시달리느니 차라리 죽는 게 낫지. 양심의 가책 속에서 불안하게 사는 것보다 차라리 죽는 게 나아.
맥베스 부인 – 폐하, 침울한 얼굴을 펴시고 즐거운 마음으로 손님들을 대하세요.
맥베스 – 그렇게 하리다. 나는 뱅코 때문에 불안해. 오늘 밤 놀라운 일이 벌어질 거요.
맥베스 부인 – 어떤 일이요?
맥베스 – 그냥 모르고 있다가 나중에 결과나 보구려. 자, 갑시다. (두 사람 퇴장)

제3장 궁성 바깥, 숲 언덕길

두 자객이 또 한 명의 자객과 언덕길을 오르며 이야기한다.

자객 1 - 당신은 누구의 명령으로 이렇게 따라오는 거요?

자객 3 - 맥베스 왕이오.

자객 2 - 이 사람을 의심하지 말라구. 우리가 하는 일을 일일이 이야기하는 것을 보니 걱정하지 않아도 될 것 같아.

자객 1 - 그럼 그렇게 하지. 우리가 기다리는 주인공은 이제 곧 나타날 거요.

자객 3 - 아, 말발굽 소리다!

뱅코 - (멀리서) 얘야, 횃불을 이리!

자객 2 - 바로 그자다. 초대받은 사람들은 이미 다 성에 있소.

뱅코와 플리언스가 언덕길을 올라간다.

자객 2 - 횃불, 횃불을 이리 비추시오!

뱅코 - 오늘 밤도 비가 올 모양이군.

자객 1 - 오고 말고. (자객 한 사람이 횃불을 꺼 버리고 두 사람은 뱅코에게 덤벼든다.)

뱅코 - 아, 암살이다. 달아나라, 플리언스. 달아나라! 꼭 복수를 해다오. 윽! (죽는다. 플리언스, 도망친다.)

자객 3 - 이런! 한 놈을 놓쳤어.

제4장 궁성의 홀

맥베스, 맥베스 부인, 로스, 레녹스, 귀족, 시종들 등장.

맥베스 - 자, 앉으시오. 모두 잘 오셨소.

귀족들 - 황공하옵나이다.

맥베스는 부인을 옥좌로 안내한다. 귀족들은 식탁 양쪽으로 앉는다. 맥베스의 옥좌는 비어 있다.

맥베스 부인 - 충심으로 여러분을 환영합니다.

맥베스가 왼쪽 입구 앞을 지날 때 자객 1이 나타난다.

맥베스 - 마음껏 즐기시오. 이제 곧 축배를 돌리겠소. (입구에서 자객에게) 네 얼굴에 피가 묻었다!

여기서 맥베스와 자객, 서로 방백을 주고받는다.

자객 - 뱅코의 핍니다.

맥베스 - 그래, 해치웠나? 플리언스도 처치했겠지?

자객 - 죄송합니다. 플리언스는 달아났습니다.

맥베스 - 아들놈까지 처치해 주었으면 좋았을 텐데. 그러나 뱅코만은 틀림없이 죽였겠지?

자객 - 예, 틀림없이.

맥베스 - 수고했다. 아비뱀은 죽었고 새끼뱀은 달아났구나. 지금 이빨에 독이 없지만 곧 독이 생기지. 그만 물러가라. 내일 다시 얘기하자. (자객 퇴장)

맥베스 부인 - 폐하, 손님들을 좀더 환대해 주셔야지요.

뱅코의 유령이 나타나서 맥베스의 자리에 앉는다.

맥베스 - 그렇구려. 자, 다들 많이 드시오.

레녹스 - 폐하도 함께 드시지요.

맥베스 - 이 나라의 고관대작이 다 한자리에 모였군요. 뱅코 장군만 불참하고. 혹시 무슨 재앙이라도 닥친 것은 아닌지 염려가 되는군요.

로스 - 그 분의 불참은 약속을 어긴 것입니다. 자, 폐하께서도 앉으십시오.

맥베스 - 좌석이 다 차 있는데.

로스 - 여기 있습니다.

맥베스 - 어디?

레녹스 – 여기 있습니다. 아니, 폐하께서는 왜 그렇게 놀라십니까?

맥베스 – 누가 이런 장난을 했어?

귀족들 – 무슨 말씀입니까?

맥베스 – (유령에게) 그 피투성이 머리털을 이쪽에 대고 흔들지 마. (맥베스 부인, 자리에서 일어선다.)

로스 – 여러분, 일어납시다. 폐하께서는 편찮으십니다.

맥베스 부인 – (걸어 내려오면서) 그냥 앉으십시오. 이 병은 일시적인 것입니다. 어서들 잡수세요. 염려하지 마시고. (맥베스에게) 당신은 대장부잖아요.

여기서 맥베스 부부는 한참 방백을 주고받는다.

맥베스 – 이놈이 나를 노려보다니!

맥베스 부인 – 그건 마음의 불안에서 생긴 환상이에요. 지난번 본 단검 환상 같은 거예요. 저건 그냥 빈 의자일 뿐이에요.

맥베스 – 여보, 저것 좀 봐! 이놈아, 말을 해 봐라. (유령, 사라진다.)

맥베스 부인 – 환영을 보고 놀라다니, 바보 같이!

맥베스 – 내 눈으로 확실히 보았소.

맥베스 부인 – 자, 귀한 손님들이 기다리고 있습니다.

맥베스 – 아, 손님들이 오신 것을 그만 깜빡했습니다. 여러분, 나는 병이 있답니다. 여러분의 건강을 빌겠소. 나도 앉아서 같이 축배를 들겠소. 자, 술을 넘치도록.

맥베스가 잔을 들자 등뒤에 다시 유령이 나타난다.

맥베스 – 우리 모두의 건강을 위하여! 오늘 불참한 뱅코를 위해서도. 뱅코의 불참은 정말 유감이오. 뱅코를 위해서도 축배를 듭시다.

귀족들 – (잔을 들면서) 충성을 맹세!

유령이 맥베스 뒤에 서 있다.

맥베스 - (의자를 돌아다보며) 꺼져라. 내 눈앞에서 (잔을 떨어뜨린
다.) 그런 눈으로 나를 노려보지 말아라!

맥베스 부인 - 여러분, 이건 폐하의 지병입니다. 죄송합니다. 흥이
깨져서.

맥베스 - 꺼져라! 이 유령아! (유령 사라진다.) 이제 사라졌구나. 아,
여러분! 그냥 앉으십시오. ……아아, 내 눈에만 보이는가? 다들 태연
한 얼굴인데 나만 공포에 질리다니.

로스 - 무슨 말씀이십니까?

맥베스 부인 - 제발 아무 말도 시키지 마십시오. 병이 악화됩니다.
얘기를 시키면 흥분하십니다. 그럼, 여기서 인사를. 여러분 안녕! (귀
족들 모두 일어선다.)

레녹스 - 안녕히 주무십시오. 속히 쾌차하시기를 바랍니다, 폐하.

맥베스 - 피를 보겠구나. 피는 피를 부르니까. 밤은 얼마나 깊었소?

맥베스 부인 - 밤인지 새벽인지 구분이 되지 않습니다.

맥베스 - 오늘 짐의 명령을 거역하고 참석하지 않은 맥다프를 어떻게
생각하오?

맥베스 부인 - 사람을 보내셨나요?

맥베스 - 사람을 한번 보내 보겠소. 내일 아침이 되면 마녀들을 찾아
가 봐야겠소. 이렇게 된 바에야 최악의 수단을 써야겠소. 내 이익을
위해서는 어떤 짓이든 할 테니까.

맥베스 부인 - 잠이 부족해서 생긴 일이에요.

맥베스 - 자, 가서 쉽시다. 허무맹랑한 환영한테 속은 것은 수련이
부족해서요. (두 사람 퇴장)

제5장 황야

천둥, 마녀 셋 등장하여 헤카테와 만난다.

마녀 1 - 헤카테 님! 화가 나셨수?

헤카테 - 화가 안 나게 생겼어? 건방지고 뻔뻔한 것들! 제멋대로 맥베스와 거래를 하다니. 재앙을 만들어 내는 나를 모시지 않고 제멋대로 하다니. 자, 지옥의 아케론 강 동굴에서 새벽녘에 만나자. 그놈이 제 운명을 알기 위해 올 테니. 오늘 밤은 잔인한 일을 저질러야지. (정령들의 음악과 노래 소리 들린다.) 봐, 나를 부르는구나. 꼬마 정령이 나를 기다리고 있구나. (구름을 타고 날아간다.)

마녀 1 - 우리도 빨리 가자! (마녀 셋 사라진다.)

제6장 스코틀랜드 어느 성

레녹스와 귀족 한 사람 등장.

레녹스 - 아무튼 사태가 참 이상하오. 인자한 덩컨 왕은 돌아가셨소. 그리고 용맹스런 뱅코는 밤길을 걸어오는 도중에……. 그의 아들 플리언스가 죽었을까? 맬컴과 도날베인이 인자한 아버지를 살해하다니, 천벌을 받을 일이지. 두 왕자가 체포되는 날엔 부친 살해죄로 대가를 치르겠지. 그럴 일은 없겠지만. 플리언스도 마찬가지야. 하지만 가만 있자. 맥다프는 대체 어디에 있을까?

귀족 - 황태자는 현재 잉글랜드 궁성에 가서 경건한 에드워드 왕 밑에 있답니다. 이미 맥다프도 그 곳을 찾아가 황태자를 위해 노섬벌랜드 백작과 용맹한 시워드를 궐기시킬 계획을 하고 있답니다. 현재 우리는 이것을 다 갈망하고 있습니다. 그런데 이 소식을 들은 맥베스 왕은 격분하여 전쟁 준비에 들어갔습니다.

레녹스 – 맥다프에게 사자를 보냈나요?

귀족 – 보냈으나 돌아오지 않겠다고 했답니다. 그러자 그 단호한 거절에 사자는 휙 돌아서며 '머지않아 후회하게 만들겠다.'고 중얼거렸답니다.

레녹스 – 그건 경고를 준 것이군. 저주받은 손목 밑에서 신음하는 이 나라를 위해 기도합시다.

제4막

제1장 동굴

동굴 중앙에 불길이 타오르는 구멍이 있다. 그 위에 끓는 가마솥이 있다. 세 마녀가 차례로 나타난다.

마녀 1 – 가마솥 주위를 빙빙 돌자. 독 있는 내장을 집어넣자. (모두 가마솥 주위를 돈다.)

마녀 2 – 뱀아, 끓어라! 도룡농의 눈알과 개구리 발가락, 박쥐 발가락, 박쥐 털, 개 혓바닥, 무서운 재앙이 되도록 잡탕처럼 펄펄 끓어라.

마녀 3 – 용의 바늘, 늑대 이빨, 마녀의 미이라, 도랑에 버린 갓난아기 손가락, 죄다 넣어서 국물을 진하게 하자. 호랑이 내장까지 넣자.

마녀 2 – 이젠 마력의 힘이 생겼다.

헤카테, 다른 마녀 셋을 데리고 등장.

헤카테 – 수고했다, 애들아. 자, 가마솥을 돌며 노래를 부르자.

음악이 흐르고 마녀들 노래를 부른다. 헤카테 퇴장.

마녀 2 – 엄지손가락이 쑤시는 것을 보니 어떤 악한 놈이 오는 모양이다. 자, 누구냐?

문이 열리고 밖에 맥베스가 서 있다.

맥베스 – (안으로 들어오며) 밤중에 시커먼 비밀을 만드는 마녀들! 뭐하고 있는가?

세 마녀 – 말하지 못할 비밀을 만들지.

맥베스 – 내가 묻는 말에 대답해 다오.

마녀 1 – 말씀해 보세요.

마녀 2 – 저희들에게 들으시겠어요, 아니면 저희들의 스승님께 들으시겠어요?

맥베스 – 스승님을 불러 다오.

세 마녀 – 지옥에 있는 모든 마녀들아, 이리 나와 마술을 보여라.

천둥, 환영 1, 맥베스와 같은 투구를 쓰고 솥 속에서 나타난다.

환영 1 – 맥베스! 맥베스! 맥다프를 경계하라. 파이프의 영주 맥다프를. 이만 실례. (솥 속으로 사라진다.)

맥베스 – 한 가지 더 말해 다오.

천둥, 환영 2, 피투성이가 된 아이의 모습을 하고 있다.

환영 2 – 맥베스! 맥베스! 잔인하고 대담하게 행동하라. 여자 몸에서 태어난 자로 맥베스를 해칠 자는 없다. (솥 속으로 사라진다.)

맥베스 – 맥다프, 널 살려 둘 수 없다.

천둥, 왕관을 쓴 환영 3, 손에 나뭇가지를 들고 등장.

맥베스 – 왕손인 저 아기가 머리에 면류관을 쓰다니?

환영 3 – 사자 같이 용감할 것, 어디서 반역자가 나타나든 맥베스는 영원히 지지 않는다. 버넘의 높은 산이 높은 언덕을 향해 맥베스를 쳐들어오기 전에는. (사라진다.)

맥베스 – 그건 불가능한 일이지. 왕위에 앉은 이 맥베스는 천수를 다 하겠구나. (피리 소리와 함께 솥이 땅 속으로 가라앉는다.) 저 솥은 왜 가라앉느냐?

세 마녀 – 나타나라! 그림자 같이 나타났다가 사라져라.

여덟 명의 왕이 한 줄로 나타나 동굴 안쪽을 가로질러 간다. 이 때 맥베스가 대사를 말한다. 마지막 왕은 손에 거울을 들고 있고 뱅코의 망령은 맨 끝에 따라간다.

맥베스 – 뱅코의 망령, 너는 꺼져! 더러운 마녀 같으니! 왜 이런 것을 내게 보이느냐? 머리칼이 피에 엉긴 뱅코가 나를 보고 웃으며 저 왕들이 자기 자손이라고 말하고 있지 않은가? 이게 사실인가?

마녀 1 – 사실입니다.

음악 소리, 마녀들 춤을 추며 사라진다.

맥베스 – 어디로 갔지? 밖에 누구 있느냐? 들어오너라.

레녹스 등장.

레녹스 – 무슨 분부라도?

맥베스 – 마녀를 보지 못했느냐?

레녹스 – 예, 못 봤습니다.

맥베스 – 그래. 그건 그렇고 아까 말발굽 소리를 들었다.

레녹스 – 소식을 가지고 왔습니다. 맥다프가 잉글랜드로 도망갔다고 합니다.

맥베스 – (방백) 아, 죽여 버리려고 했는데 도망을 치다니. 맥다프의 성을 공격하고 칼날의 맛을 보여 주리라. 그놈과 관계 있는 모든 사람은 불행해지리라.

제2장 파이프, 맥다프의 성

맥다프 부인, 그 아들과 로스 등장.

맥다프 부인 – 고국을 떠나다니? 처자와 거성과 영지를 버리고 혼자 도망치다니! 그는 가족을 사랑하지 않아요. 새 중에 가장 작은 굴뚝새조차도 제 새끼를 위해서는 올빼미하고도 싸우는데. 아무 이유도 없이 도주하다니.

로스 – 부인, 좀 진정하십시오. 주인 어른은 현명하고 분별 있는 분이십니다. 자세히 말씀 드리지 못했지만 이 세상은 고약합니다. 자기도 모르는 사이에 역적으로 몰리고 있습니다. 그럼 이만 실례하겠습니다. (사내아이에게) 귀여운 아가, 그럼 안녕!

맥다프 부인 – 아비가 살아 있는데도 이 아이는 아비가 없는 아이가 됐습니다.

로스 – 어서 가야겠습니다. 이렇게 지체하다가는 부인까지 난처하게 될 겁니다. (퇴장)

맥다프 부인 – 애야, 아버지는 돌아가셨어. 이제 어떻게 살아가겠니?

아들 – 어머니, 아버지가 역적인가요?

맥다프 부인 – 음, 그렇단다.

아들 – 역적이라니, 그게 뭔가요?

맥다프 부인 – 맹세를 깨뜨리는 사람이다.

아들 – 그런 사람은 다 역적인가요?

맥다프 부인 – 그렇게 하는 사람은 모두 역적이다.

사자 등장.

사자 – 안녕하십니까? 마님! 마님, 위험합니다. 어서 이 곳을 피하십시오. 신의 가호가 있기를! (퇴장)

맥다프 부인 - 어디로 간담. 아무 잘못도 없는데 도망쳐야 하다니.

자객들 등장.

자객 - 주인은 어딨어?

맥다프 부인 - 아마 네놈들이 찾아 낼 수 없을 것이다.

자객 - 그자는 역적이다.

아들 - 거짓말쟁이, 악당!

자객 - 아니, 이 조그만 녀석이! (칼로 찌른다.)

아들 - 어머니, 어머니! 어서 달아나세요. (죽는다.)

맥다프 부인은 "살인이다"라고 부르짖으며 달아난다. 자객들 쫓아간다.

제3장 잉글랜드, 에드워드 참회왕의 궁성 앞

맬컴과 맥다프 등장.

맬컴 - 맥베스를 한때 정직한 인간이라고 생각했소. 당신도 그자를 존경했고. 나는 아직 어린 사람이오. 나를 이용하면 그자의 환심을 살 수 있을 거요.

맥다프 - 나는 왕자님을 배신하지 않습니다.

맬컴 - 맥베스도 그렇게 말했소.

맥다프 - 나는 희망을 잃었습니다. 나를 그렇게 믿지 못하시다니. 왕자님, 저는 이제 물러가겠습니다. 폭군이 쥐고 있는 국토와 풍요한 동방을 내게 준다 해도 저는 악인이 되고 싶지 않습니다.

맬컴 - 화내지 마시오. 당신을 의심해서 그런 말을 한 것이 아니오. 조국이 날마다 새로운 상처를 입고 있소. 나를 위해 궐기할 사람이 있으리라고 생각하오. 인자하신 잉글랜드 왕에게 원조 제의도 있었소. 하지만 싸워 봤자 조국은 전보다 더한 죄악과 고난을 겪게 될 것이오. 나 때문에. 내 몸에는 온갖 악덕이 있어서 그것들이 싹을 틔우면 맥베스도 눈처럼 하얗게 보일 것이오. 불행한 국민들은 그놈을 양같이 생각할 것이오. 나와 비교해서 말이오.

맥다프 – 맥베스를 능가할 만한 악한 놈은 없습니다.

맬컴 – 나는 그보다 더 심하오. 내가 통치하는 것보다 그래도 맥베스가 낫소. 나는 방탕하고 나쁜 사람이오. 권력을 잡으면 지상의 온갖 질서가 무너진다오.

맥다프 – 아, 왕자님이 이렇게 말씀하시니 이제는 희망도 없구나.

맬컴 – 맥다프 님, 당신의 진실한 마음 때문에 나는 당신의 성의와 명예를 믿게 되었소. 악마 같은 맥베스가 나를 손아귀에 넣으려고 했소. 그래서 나는 사람을 함부로 믿지 못하게 되었다오. 이제 나는 당신의 지도에 따르겠소. 사실은 나는 나쁜 사람이 아니오. 이제 진실한 나를 당신과 불행한 조국의 지시에 맡기겠소. 사실은 당신이 여기 도착하기 전에 늙은 시워드가 1만 정예를 거느리고 출동했소. 자, 우리도 같이 떠납시다.

전의가 궁정에서 나온다.

맬컴 – 그럼 나중에. (전의에게) 국왕께서 행차하시오?

전의 – 예, 불쌍한 사람들이 폐하의 치료를 기다리고 있습니다. 그들의 병은 의술로 효험이 없으니 폐하께서 만지시면 낫는다고 합니다.

맬컴 – 그렇군요. (전의 퇴장) 선왕이 행하는 기적을 나도 잉글랜드에서 여러 번 보았소. 어떻게 그런 영험을 얻으셨는지는 왕 자신만이 아시지요. 하여튼 괴상한 병자들을 국왕은 치료하시지요. 환자의 목에 금화 한 개를 걸어 주고 성스러운 기도를 해 주어요. 듣자하니 이 치료법은 대대로 국왕에게 물려진다고 하오. 그런 것을 보면 국왕이

신의 축복을 받고 계신 증거입니다.

로스 등장.

맥다프 – 아, 누구시라고. 잘 오셨소. 스코틀랜드는 어떤가?

로스 – 비참합니다. 거의 무덤과 같습니다.

맥다프 – 내 아내와 아이들은?

로스 – 나와 작별할 때까지는 무사했습니다. 그런데 제가 이 곳에 올 때 소문을 들었습니다. 사람들이 궐기를 했답니다. 그래서 폭군의 병력이 출동했답니다. 이제 왕자님께서 일어나셔야 할 때입니다. 왕자님께서 일어나시면 여자들까지 싸움터로 나설 것입니다.

맬컴 – 이제 우리는 조국을 위해 출정할 것이오. 인자한 잉글랜드 왕은 명장 시워드와 일만의 병력을 주셨소.

로스 – 아아, 그런 기쁜 소식과도 같은 보고를 하면 얼마나 좋을까!

맥다프 – 대체 무슨 슬픔이오?

로스 – 바로 당신에 대한 것입니다. 당신의 거성은 습격당하고 부인과 어린애들은 참살당했습니다.

맬컴 – 오, 하느님!

맥다프 – 어린것들까지 죽이다니.

맬컴 – 대장부답게 참으시오.

맥다프 – 죄 많은 이 맥다프! 내 죄 때문에 내 가족이 죽다니.

맬컴 – 그자를 가만두어서는 안 되오. 자, 어전으로 갑시다. 군대는 출동을 준비 중이오. (퇴장)

제5막

제1장 던시네인 성의 한 방

시의와 시녀 등장.

시의 - 왕비께서 밤중에 걸어다닌 것은 언제부터요?

시녀 - 폐하께서 출진하신 후부터요.

시의 - 정신착란인가 보오. 그런데 그렇게 걸어다니면서 무슨 말씀을 하시는지?

시녀 - 말씀 드리기가 좀……

맥베스 부인 촛불을 들고 등장.

시녀 - 저것 봐요. 바로 저런 모양이에요. 비몽사몽이라니까요.

시의 - 대체 저게 무슨 짓인가요? 손을 계속 문지르고 계시는데.

맥베스 부인 - 아직도 여기에 흔적이!

시의 - 아니, 무슨 말씀을 하시는지. 적어 놓아야겠어.

맥베스 부인 - 지워지지 않는 흔적. 아, 벌써 두 시다. 해치워야 할 시간이다. 여보, 겁을 내다니요?

시의 - (시녀에게) 듣고 있소? 알아서는 안 될 일을 알고 말았군.

맥베스 부인 - 그만두세요. 이제 제발, 그만두세요. 겁을 내시면 일을 다 망쳐요. 아직도 피비린내가 나는군. 아라비아의 온갖 향수도 이 손 하나 말끔히 씻어 내지 못하는구나.

시의 - 이 병은 내 힘으로 고칠 도리가 없어.

맥베스 부인 - 손을 씻고 잠옷을 입으세요. 그렇게 질린 얼굴을 하지 마세요. 뱅코는 이미 죽었어요. 무덤에서 살아나올 수 없잖아요.

시의 – 아니, 뱅코까지!

맥베스 부인 – 자, 침실로. 누가 성문을 노크하고 있군요.

시의 – 병든 마음은 귀 없는 베개에 심중의 비밀을 말하는 법. 왕비에게는 의사보다 목사가 더 필요하오. 하느님, 우리 가엾은 인간들을 용서하소서.

제2장 던시네인 부근의 시골

맨티스, 케이스네스, 앵거스, 레녹스, 병사들 등장.

맨티스 – 잉글랜드 군이 다가오고 있소. 맬컴과 그의 숙부 시워드, 그리고 용감한 맥다프의 지휘 아래.

앵거스 – 아마 버넘 숲 근처에서 우리와 만나게 될 것 같소.

맨티스 – 맥베스의 정세는?

케이스네스 – 던시네인 성의 방비를 강화하고 있소. 그가 미쳤다고 보는 사람이 많소.

앵거스 – 이제 시시각각 반란이 일어나고 있소. 그의 군대는 할 수 없이 명령에 움직일 뿐 충성심은 없소.

케이스네스 – 자, 그럼 진군합시다. 이 나라를 살리기 위해 마지막 피 한 방울까지 바칩시다. 자, 진군!

제3장 던시네인 성의 안뜰

맥베스, 시의, 시종들 등장.

맥베스 – 보고는 그만! 달아날 놈은 모두 달아나라. 버넘 숲이 움직여 오지 않는 한 두려울 건 없다. 애송이 맬컴이 뭐 대수냐! 정령들이 내게 말했어. 여자 몸에서 태어난 자로는 나를 이길 자가 없다고.

시종 등장.

맥베스 - 이봐, 뭐냐?

시종 - 약 일만의 적의 군사가 몰려오고 있습니다.

맥베스 - 네 낯짝을 보기도 싫다. 썩 꺼져라! (시종 퇴장) 여봐라, 시튼! (명상에 잠겨서) 이번 일로 나는 영원한 기쁨을 누리거나 몰락을 당하거나 둘 중 하나다. 이제는 살 만큼 살았다, 시튼!

시튼 등장.

시튼 - 지금까지의 정세는 모두 사실입니다.

맥베스 - 나도 싸우리라. 갑옷을 줘!

시튼 - 아직 그럴 필요까지는 없습니다.

맥베스 - 비겁한 놈은 교수형을 처하라! 당장 갑옷을 가져와 (시튼, 갑옷을 가지러 간다.) 시의, 왕비는 어떤가?

시의 - 망상 때문에 안정을 얻지 못하고 있습니다.

맥베스 - 그러니 고쳐 달라고 하지 않나. 마음의 병을 치료할 수 없단 말이오? 머릿속에 박힌 근심을 뽑아 내지 못한단 말이오? 마음을 짓누르는 것을 없애 주는 약은 없단 말이오?

시의 - 환자 자신이 치료해야 합니다.

시튼이 갑옷을 입고 갑옷 담당자와 함께 등장. 담당자는 맥베스에게 갑옷을 입힌다.

맥베스 - 의술은 개에게 던져. 내게는 필요 없어. 자, 갑옷을 입혀 다오. 시튼, 군대를 파견하라! 이제는 어떤 것도 두렵지 않아. 버넘 숲이 이 곳으로 옮겨오지 않는 한. (맥베스 퇴장, 시튼은 갑옷 담당자와 뒤따라 퇴장)

시의 - 어서 이 던시네인에서 탈출했으면! 여기에 다시는 들어오지

않을 거야. (퇴장)

제4장 버넘 숲 부근의 시골

병사들 진군하며 등장.
맬컴 - 여러분, 이제 자기 집에서 편히 쉴 날도 멀지 않은 것 같소.
시워드 - 저 숲은?
맨티스 - 버넘 숲이야.
맬컴 - 병사들에게 각자 나뭇가지를 하나씩 꺾어들게 합시다. 그렇게 하면 우리 병력을 숨길 수 있으니.
시워드 - 그렇게 되면 병력을 제대로 모르는 폭군은 방심하겠지요.
자, 진군! (모두 진군하면서 퇴장)

제5장 던시네인 성 안의 안뜰

맥베스, 시튼, 북과 군기 등을 든 병사들 등장.
맥베스 - 이 성은 난공불락이다. 포위는 말도 안 된다. (안에서 여자들의 통곡 소리) 저 소리는 뭔가?
시튼 - 부인들의 울음소리입니다. 알아보고 오겠습니다. (시튼 퇴장)
맥베스 - 이젠 공포의 맛도 다 잊어버렸어. 이젠 살인도 예사로운 일이 되고 아무리 무서운 일에도 나는 끄떡하지 않는다.
시튼 다시 등장.
맥베스 - 뭣 때문에 우느냐?
시튼 - 왕비님께서 운명하셨습니다.
맥베스 - 언제라도 죽어야 할 사람, 한번은 그런 소식을 듣는 것. 꺼져라, 작은 촛불아.

사자 등장.

사자 – 폐하, 이 눈으로 확실히 본 일을 아뢰겠습니다. 소인이 언덕 위에 서서 버넘 쪽을 바라보는데 느닷없이 숲이 움직이는 것 같았습니다.

맥베스 – 거짓말!

사자 – 사실입니다. 확실히 이쪽으로 오고 있습니다. 숲이 움직이며 다가오고 있습니다.

맥베스 – 거짓말이면 너를 근처 나무에 산 채로 매달아 굶어 죽게 하겠다. ……마녀들이 말했지. 버넘 숲이 던시네인으로 오지 않는 한 맥베스는 죽지 않는다고. 그런데 지금 숲이 던시네인으로 온다고? 아아! 이게 무슨 일인가. (허둥지둥 퇴장)

제6장 던시네인 성문 앞

북과 군기, 맬컴, 시워드, 맥다프, 휘하 군대, 나뭇가지를 앞에 들고 등장.

맬컴 – 자, 왔소. 이제 나뭇가지를 집어던집시다. 숙부님은 제일진을 지휘해 주십시오. 맥다프와 저는 나머지 전부를 맡겠습니다.

시워드 – 오늘 적군을 만나면 마지막 힘을 다해 싸우리라.

맥다프 – 나팔을 불어라, 힘차게!

나팔을 불며 진군.

제7장 같은 장소

맥베스가 성에서 나온다.

맥베스 – 대관절 어떤 놈이 여자 몸에서 태어나지 않았단 말인가?

젊은 시워드 등장.

젊은 시워드 – 네 이름은 뭐냐?

맥베스 – 맥베스다.

젊은 시워드 – 이 폭군아, 내 칼을 받아라. (두 사람 싸운다. 젊은 시워드 죽는다.)

맥베스 – 너도 여자한테서 난 놈이다. 놈이 휘두르는 칼이라면 모두 우습다.

맥베스 퇴장. 안에서 싸우는 소리. 맥다프 등장.

맥다프 – 저쪽에서 소동이 났다. 가 보자. 저 요란한 소리는 어떤 큰 놈이 있다는 증거야. 운명이여, 그놈을 만나게 해 다오. (맥베스를 쫓아 퇴장)

맬컴과 늙은 시워드 등장.

시워드 – 이쪽이오. 성은 함락되었소. 오늘의 승리는 왕자님의 것.

맬컴 – 적병들을 만났는데 거의 마지못해 싸우고 있소.

시워드 – 자, 입성하자. (모두 성 안으로 들어간다.)

제8장 같은 장소

맥베스 등장하고 그 뒤에 맥다프 쫓아 등장.

맥다프 – 돌아서라, 지옥의 마귀 같으니. 돌아서라, 그리고 내 칼을 받아라. 이 못된 악당! (두 사람 싸운다.)

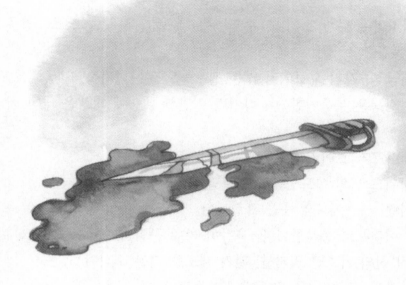

맥베스 - 헛수고 마라. 여자가 낳은 놈한테는 절대 굴복하지 않는다.

맥다프 - 그렇다면 단념해. 마녀한테 물어 보면 알겠지만 이 맥다프
는 어머니 배를 가르고 나왔다.

맥베스 - 이런, 요술쟁이 악마들. 맥다프, 너와 싸우기 싫다.

맥다프 - 비겁한 자야, 살려 줄 테니 어서 항복해.

맥베스 - 누가 항복할까 봐! 설사 버넘 숲이 던시네인으로 오더라도
그리고 여자가 낳지 않았다는 네가 대적할지라도 항복하지 않겠다.
최후의 힘을 다해 싸우겠다. 자, 덤벼라. 맥다프! (두 사람이 성벽 아
래서 결전하다가 결국 맥베스 죽고 만다.)

제9장 성안

전투 중지하라는 나팔 소리. 고수 및 기수, 맬컴, 시워드, 로스, 영주들, 병사들 등장.

맬컴 – 지금 이 자리에 보이지 않는 전우들도 무사하기를.

시워드 – 희생은 부득이한 일. 하지만 이만한 대승에 희생은 극히 적습니다.

맬컴 – 맥다프가 보이지 않는군. 시워드 님의 아드님도.

로스 – 시워드 님의 아드님은 대장부답게 전사하셨습니다.

맬컴 – 이런……. 애도의 뜻을 표합니다.

시워드 – 이것으로 충분합니다. 용감히 싸워 군인의 도리를 다했으니까요. 오직 신의 가호만 있기를! 저기 새로운 기쁜 소식이 오는군.

맥다프가 맥베스의 머리를 장대에 꿰어들고 등장.

맥다프 – 왕위 찬탈자의 머리입니다. 자, 다 같이 소리 높여 외칩시다. 스코틀랜드 국왕 만세!

모두 – 만세! 스코틀랜드 국왕! (우렁찬 나팔 소리)

맬컴 – 여러분의 충성을 헤아려 응분의 보답을 하겠소. 여러분들을 백작으로 봉합니다. 이제 경계가 엄한 맥베스의 함정을 피해 외국으로 망명한 친구들을 부르겠소. 이 맥베스와 자살한 왕비의 수하들을 잡아 내겠소. 끝으로 여러분 모두에게 감사하오. 그럼 스톤에서 거행될 대관식에 참석해 주시오. (우렁찬 나팔 소리. 모두 행진하며 퇴장)

작품 알아보기
(희곡문학)

우리가 흔히 셰익스피어의 4대 비극이라고 일컫는 작품들은 셰익스피어가 예술적으로 절정을 맞은 시기인 1601년부터 1608년에 걸쳐 씌어진 것들이다.

〈햄릿〉은 아버지의 복수를 놓고 갈등하는 덴마크 왕자 햄릿의 번뇌를 그리고 있다. 심약하고 민감한 햄릿은 아버지의 살해자와 그와 재혼하려는 어머니로 인해 고통에 빠져든다. 미치광이 행세를 하며 진실을 밝히려는 과정에서 주요한 인물들이 모두 죽음을 맞이하고 비극은 극에 달한다. 갈등하는 햄릿의 심리 상태가 그의 유명한 독백에 잘 녹아 있는 작품이다.

〈오셀로〉에서 주인공 오셀로는 사악한 이야고의 이간질로 사랑하는 아내의 정조를 의심하여 불 같은 질투심에 시달린다. 결국 아내를 죽이지만 나중에야 정숙한 아내를 죽였다는 걸 깨닫고는 자살하고 만다. 이 작품은 인간이 질투에 사로잡혔을 때 가장 사랑하고 신임하는 아내와 부하의 말도 믿을 수 없게 되는 모습을 형상화하고 있다. 셰익스피어의 작품 중 이야기의 전개가 가장 빠른 작품이다.

〈리어 왕〉은 아부하는 두 딸에게만 왕국의 땅을 나눠 주고

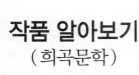

작품 알아보기
(희곡문학)

솔직하게 말하는 막내딸에게는 아무것도 주지 않은 채 내쫓은 리어 왕의 어리석음이 그를 비극으로 내모는 이야기이다. 외양만을 좇아 진실한 내면을 제대로 판단하지 못한 리어 왕은 결국 파국을 맞는다. 그는 고난을 겪는 과정에서 위대한 사랑과 신의 존재를 깨닫게 되지만 결국 모든 인물들이 죽는 비극으로 막을 내린다. 신의 제단에 고난이라는 제물을 바침으로써 인간의 영혼이 구제된다는 것을 주제로 한 작품이다.

〈맥베스〉는 마녀들의 유혹에 넘어간 한 인간이 악으로 발을 내딛는 순간부터 어떻게 파멸로 이르는지에 대한 이야기이다. 스코틀랜드의 귀족 맥베스는 한 지역의 영주가 되고 뒤이어 왕위까지 찬탈하지만 기쁨은커녕 수많은 살인으로 인해 씻을 수 없는 죄책감에 시달리게 된다. 그러다 마녀들의 예언대로 맥베스는 고통 속에서 죽어 간다.

셰익스피어는 이 작품에서 인간에게 내재된 악의 단면을 마치 우리 눈앞에 펼쳐 보이듯 탁월하게 형상화해 냈다. 셰익스피어의 위대함은 바로 여기에 있는 것이다.

논술 길잡이
(희곡문학)

❶ 아래 그림은 햄릿의 아버지가 유령이 되어 햄릿 앞에 나타나는 장면이다. 죽은 왕이 유령이 되어 아들 앞에 나타난 이유가 무엇인지 써 보자.

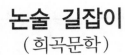

논술 길잡이
(희곡문학)

❷ 다음은 햄릿이 아버지의 복수를 하지 못해 고민하는 부분이다. 이 내용을 통해 알 수 있는 햄릿의 성격에 대해 써 보자.

생의 굴레에서 벗어나 영원한 잠을 자면 어떤 꿈을 꿀까? 이것을 생각하면 죽음을 망설일 수밖에. 그러나 이런 망설임 때문에 인생은 일평생 불행하게 마련이지. 한 자루의 칼이면 인생을 깨끗이 청산할 수 있는데. 그 누가 이런 무거운 짐을 지고 인생을 신음하며 진땀을 흘릴 것이냐. 죽음 이후의 불안과 한번 가면 영영 돌아오지 못할 세계가 나의 결심을 방해하는구나. 이런 것 때문에 우리 모두 겁쟁이가 되는구나.

❸ 숙부 폴로니어스는 햄릿이 미리 짠 〈무언극〉을 햄릿과 함께 보게 된다. 폴로니어스가 〈무언극〉을 보고 나서 어떤 심정이 었을지를 상상해 보고 쓰라.

....

....

....

....

....

❹ 리어 왕이 황야를 방황하게 된 이유는 무엇인지 쓰라. 또한 방황 속에서 어떤 깨달음을 얻게 되었는지에 대해서도 쓰라.

....

....

....

....

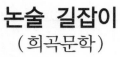

논술 길잡이
(희곡문학)

❺ 에드거가 무엇 때문에 형과 아버지 사이를 이간질하게 되었
   는지와, 만약에 자신이 에드거와 같은 처지라면 어떻게 했
   을까를 상상해 보고 쓰라.

....

....

....

....

❻ 이야고가 오셀로를 파멸로 이끈 동기가 무엇인지 본문에서
   찾아 써 보자.

....

....

....

....

논술 길잡이
(희곡문학)

❼ 이야고의 계략에 넘어간 오셀로는 결국 아내를 죽이게 된다. 오셀로의 행동에 대한 자신의 의견을 써 보자.

....

....

....

....

❽ 덩컨을 살해한 후 맥베스는 육체적, 심리적으로 어떤 변화를 겪게 되는지 본문에서 찾아 써 보자.

....

....

....

....

논술 길잡이
(희곡문학)

❾ 아래 그림은 맥베스가 국왕을 살해한 후 아내와 만나는 장면이다. 맥베스가 국왕을 살해한 동기가 무엇인지 써 보자.

....

....

....

....

....

논·술·세·계·대·표·문·학 〈전60권〉

펴 낸 이	정재상	
펴 낸 곳	훈민출판사	
주 소	경기도 고양시 덕양구 원당동 416번지	
대 표 전 화	(031)962-3888	
팩 스	(031)962-9998	
출 판 등 록	제395-2003-000042호